The Big Guitar Chord Songbook

More Nineties Hits

This publication is not authorised for sale in
the United States of America and/or Canada

Wise Publications
London/New York/Paris/Sydney/Copenhagen/Berlin/Madrid/Tokyo

Published by:
Wise Publications
8/9 Frith Street, London, W1D 3JB, England.

Exclusive Distributors:
Music Sales Limited
Distribution Centre, Newmarket Road, Bury St Edmunds, Suffolk, IP33 3YB, England.
Music Sales Pty Limited
120 Rothschild Avenue, Rosebery, NSW 2018, Australia.

Order No. AM91922
ISBN: 0-7119-4038-X
This book © Copyright 2006 by Wise Publications,
a division of Music Sales Limited.

Edited by David Harrison.
Music processed by Paul Ewers Music Design.
Compiled by Nick Crispin.

Printed in the United Kingdom by
Caligraving Limited, Thetford, Norfolk.

www.musicsales.com

All Apologies

Words & Music by Kurt Cobain

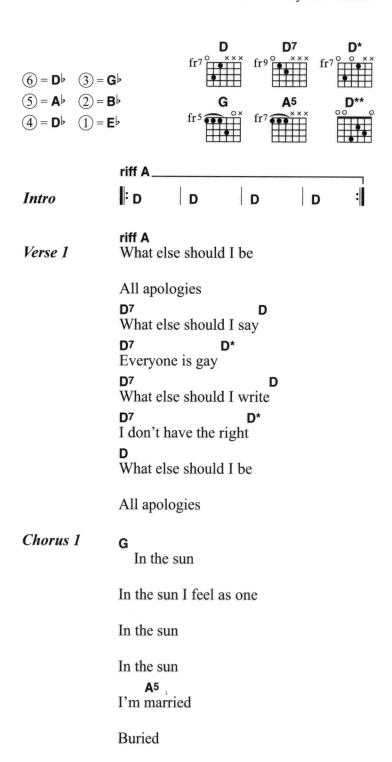

⑥ = D♭   ③ = G♭
⑤ = A♭   ② = B♭
④ = D♭   ① = E♭

riff A

Intro   ‖: D | D | D | D :‖

riff A
Verse 1   What else should I be

All apologies
D7   **D**
What else should I say
D7   **D***
Everyone is gay
D7   **D**
What else should I write
D7   **D***
I don't have the right
D
What else should I be

All apologies

Chorus 1   **G**
         In the sun

In the sun I feel as one

In the sun

In the sun
        A5
I'm married

Buried

riff A

Verse 2   I wish I was like you

Easily amused

Find my nest of salt

Everything is my fault
D⁷   **D**
I'll take all the blame
D⁷   **D***
Aqua seafoam shame
D⁷   **D**
Sunburn with freezerburn

Choking on the ashes of her enemy

G
Chorus 2   In the sun

In the sun I feel as one

In the sun

In the sun
          A⁵
I'm married

Buried

Married

Buried

Yeah, yeah, yeah, yeah

Outro | **D**** | **D**** | **D**** | **D****   ‖

‖: **D**** | **D**** | **D**** | **D****   :‖ *Play 20 times*
            All in all is all we are

5

Baby One More Time

Words & Music by Max Martin

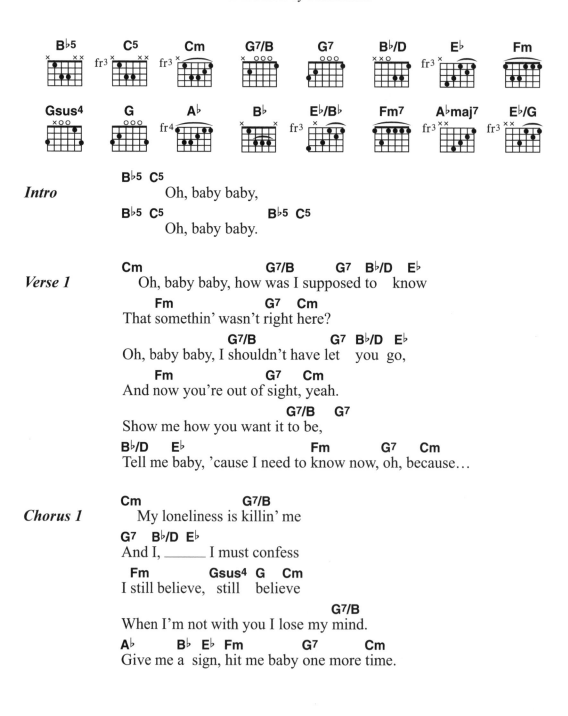

Intro

Bb5 C5
Oh, baby baby,
Bb5 C5   Bb5 C5
Oh, baby baby.

Verse 1

Cm   G7/B   G7 Bb/D Eb
Oh, baby baby, how was I supposed to   know
    Fm   G7 Cm
That somethin' wasn't right here?
              G7/B   G7 Bb/D Eb
Oh, baby baby, I shouldn't have let   you go,
    Fm   G7 Cm
And now you're out of sight, yeah.
                     G7/B G7
Show me how you want it to be,
Bb/D   Eb   Fm   G7 Cm
Tell me baby, 'cause I need to know now, oh, because…

Chorus 1

Cm   G7/B
   My loneliness is killin' me
G7 Bb/D Eb
And I, _____ I must confess
  Fm   Gsus4 G Cm
I still believe, still believe
                            G7/B
When I'm not with you I lose my mind.
Ab   Bb Eb Fm   G7   Cm
Give me a sign, hit me baby one more time.

Verse 2

Cm   G7/B   G7   B♭/D   E♭
Oh, baby baby, the reason I breathe is   you,

Fm   G7   Cm
Boy, you got me blinded.

                     G7/B   G7   B♭/D   E♭
Oh pretty baby, there's nothing that   I __ wouldn't do,

     Fm   G7   Cm
It's not the way I planned it.

                     G7/B   G7
Show me how you want it to   be,

B♭/D   E♭   Fm   G7   Cm
Tell me baby, 'cause I need to know now, oh, because…

Chorus 2

Cm   G7/B
  My loneliness is killin' me

G7   B♭/D   E♭
And I, _____ I must confess

 Fm   Gsus4   G   Cm
I still believe,   still   believe

                          G7/B
When I'm not with you I lose my mind.

A♭   B♭   E♭   Cm   G7   Cm
Give me a   sign, hit me baby one more time.

Middle

C5
  Oh baby baby.

B♭5   C5
Oh,   oh, oh baby baby.

               B♭5   C5
Ah yeah, yeah.

Cm   G7/B   G7 B♭/D   E♭/B♭ | Fm Gsus4 G |
  Oh baby baby, how was I supposed to   know?

A♭   B♭   Fm7   A♭
  Oh pretty baby, I shouldn't have let you go. _____

B♭   Cm   G7/B
I must confess that my loneliness

   G7   B♭/D   E♭
Is killin' me   now,

         Fm   Gsus4   G   A♭
Don't you know I still   believe

               B♭   A♭maj7   E♭/G
That you will be here and give me a sign.

Fm   B♭   G7/B
Hit me baby, one more time.

Chorus 3   ‖: As Chorus 1 :‖

Ain't It Fun

Words & Music by Cheetah Chrome & Peter Laughner

B5   D5   A   G   G5   A5

Tune guitar down a semitone

Intro ‖: B5 | D5 A | G | B5 :‖ *Play 4 times*

| G | B5 | G | B5 ‖

‖: D5 A | B5 G | D5 A | B5 :‖

Verse 1

B5   D5   A   G   B5
   Ain't it fun when you're   always   on the run,

                  D5   A   G   B5
Ain't it fun when you're   friends des - pise what you be - come.

G   B5   G
   Ain't it fun when you   get so high,   well that you,

             B5
You just can't come,

D5   A   B5   G   D5
   Ain't it fun when you know that you gonna die young.

Chorus 1

A   B5   G5
   It's such fun, good fun,

      A5   B5
Such fun, such fun,

         G5   A5   B5
Aah such fun, such fun, such fun,

         G5   A5
Aah yeah, fun, just fun, such...

Link | G | B5 | G | B5   ‖

Verse 2

B5   D5   A   G   B5
   Ain't it fun when you   taking care   of number one

                 D5   A   G   B5
Oh ain't it fun when   you feel like you just   gotta get a   gun

G   B5   G   B5
   Ain't it fun when you   j-j-just can't   seem to find your tongue,

Verse 2

D5   A   B5   G   D5
   'Cause you stuck it too deep into something that really stung.

A   B5
   It's such fun!

Bridge

           G   A
Well, so good to me, they spit right in my face,

        D5   B5
And I didn't even feel it, it was such a disgrace.

    G   A
I punched my fist right through the glass,

        D5   B5
And I didn't even feel it, it happened so fast.

Chorus 2

      G5   A5   B5
Such fun, such fun, such fun,

         G5   A5   B5
Ah such fun, such fun, such fun,

      G5   A5   B5
Such fun, such fun, such fun,

      G5   A5
Such fun, such fun, such...

Instr ‖: B5 | D5 A | G | B5 :‖

Verse 3

B5   D5   A   G   B5
  Ain't it fun when you   tell her   she's just a cunt,
                    D5   A   G   B5
Ain't it fun when she splits you and leaves you on a bum.
G   B5   G   E
  Well, ain't it fun when you've   broken up every band that you've ever be - g
D5   A   B5   G   D5
  Ain't it fun when you know that you're gonna die young
A   B5
  It's such fun

Chorus 3

        G5   A5   B5
Such fun, such fun, such fun,
        G5   A5   B5
Such fun, such fun, such fun,
        G5   A5   B5
Such fun, such fun, such fun,
        G5   A5   (G)
Such fun, such fun, such fun!

Outro
| G | A | B5 | B5 | G | A | B5   ‖
(fun!)

Been Caught Stealing

Words & Music by Perry Farrell, David Navarro, Stephen Perkins & Eric Avery

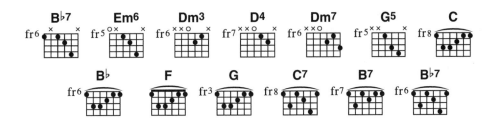

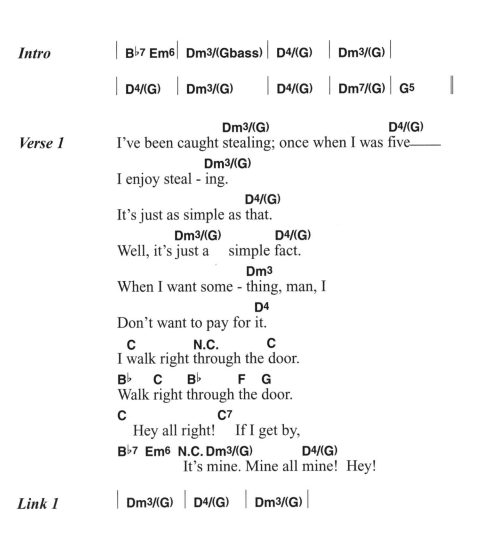

Intro | B♭7 Em6| Dm3/(Gbass)| D4/(G) | Dm3/(G)|

| D4/(G) | Dm3/(G) | D4/(G) | Dm7/(G)| G5 ‖

Verse 1

                Dm3/(G)   D4/(G)
I've been caught stealing; once when I was five——

       Dm3/(G)
I enjoy steal - ing.

              D4/(G)
It's just as simple as that.

          Dm3/(G)   D4/(G)
Well, it's just a   simple fact.

                 Dm3
When I want some - thing, man, I

                D4
Don't want to pay for it.

   C   N.C.   C
I walk right through the door.

B♭   C   B♭   F   G
Walk right through the door.

C   C7
  Hey all right!   If I get by,

B♭7 Em6 N.C. Dm3/(G)   D4/(G)
         It's mine. Mine all mine! Hey!

Link 1 | Dm3/(G) | D4/(G) | Dm3/(G)|

Verse 2

D4/(G)   **Dm3/(G)**
    Yeah my girl, she's one too.

                          D4/(G)
She'll go and get her a skirt.

                   Dm3/(G)
Stick it under her shirt.

                       D4/(G)
She grabbed a razor for me.

            Dm3/(G)   **D4/(G)**
And she   did it just like that.

                 Dm3/(G)   **D4/(G)**
When she wants something man, she don't want to pay for it.

      C   **N.C.**   **C**
She walk right through the door.

B♭   **C**   **B♭**   **F** **G**
Walk right through the door.

C   **C7**
   Hey all right!   If I get by,

B♭7 **Em6** **N.C. Dm3/(G)**   **D4/(G)**
       It's mine. Mine all mine! Let's go!

Guitar solo   ‖: **Dm3/(G)** | **D4/(G)** :‖ *Play 4 times*

Bridge

          C   **B♭ B7 B♭7 B7**
Da da da da da da da da da da da da da da da da,

          C   **B♭ B7 B♭7 B7**
Da da da da da da da da da da da da da da da da

Bass link | **(G)** | **(G)** | **(G)** | **(G)**   ‖

Verse 3

Dm³/(G)
We sat around the pile.

D4/(G)
We sat and laughed.

Dm³/(G)
We sat and laughed and

D4/(G)
Waved it into the air!

Dm³/(G)   N.C.   D4/(G)
And we   did it just like that.

Dm³/(G)   D4/(G)
When we wants some - thing man, we don't want to pay for it.

C   N.C.   C
We walk right through the door.

B♭   C   B♭   F   G
Walk right through the door.

C   C⁷   B♭7 Em6
  Hey all right!   If I get by,

Outro

N.C. C
It's   mine, mine, mine, mine,

C⁷
Mine, mine, mine... mine, mine, all mine...

B♭7 Em6   G
          It's mine.

Can You Dig It?

Words & Music by Martin Coogan

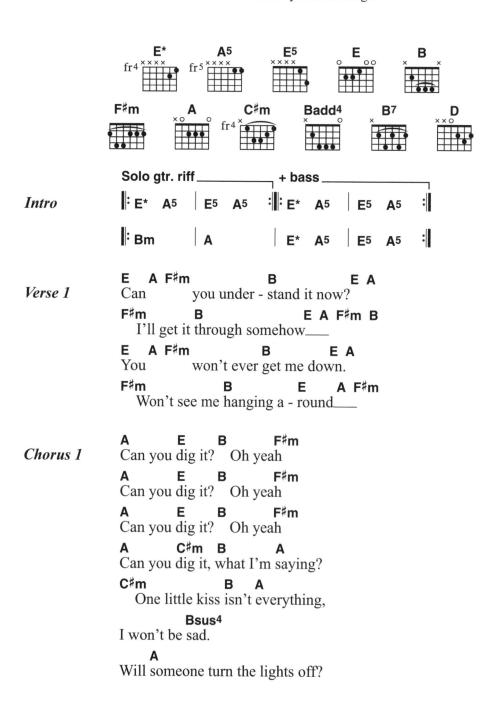

Intro

```
Solo gtr. riff _____ + bass _____
‖: E*  A5 | E5  A5 :‖: E*  A5 | E5  A5 :‖

‖: Bm     | A      | E*  A5 | E5  A5 :‖
```

Verse 1

E A F#m   B   E A
Can   you under - stand it now?

F#m   B   E A F#m B
   I'll get it through somehow___

E A F#m   B   E A
You   won't ever get me down.

F#m   B   E   A F#m
  Won't see me hanging a - round___

Chorus 1

A   E   B   F#m
Can you dig it? Oh yeah

A   E   B   F#m
Can you dig it? Oh yeah

A   E   B   F#m
Can you dig it? Oh yeah

A   C#m B   A
Can you dig it, what I'm saying?

C#m   B A
  One little kiss isn't everything,

         Bsus4
I won't be sad.

     A
Will someone turn the lights off?

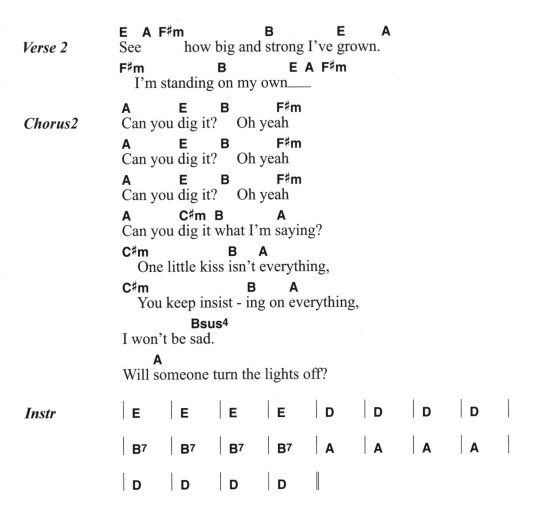

Verse 2

```
E  A F#m              B          E     A
See       how big and strong I've grown.
F#m            B            E A F#m
 I'm standing on my own___
```

Chorus2

```
A       E     B      F#m
Can you dig it?   Oh yeah
A       E     B      F#m
Can you dig it?   Oh yeah
A       E     B      F#m
Can you dig it?   Oh yeah
A       C#m B        A
Can you dig it what I'm saying?
C#m             B    A
  One little kiss isn't everything,
C#m              B    A
  You keep insist - ing on everything,
            Bsus4
I won't be sad.
        A
Will someone turn the lights off?
```

Instr

```
| E   | E   | E   | E   | D   | D   | D   | D   |

| B7  | B7  | B7  | B7  | A   | A   | A   | A   |

| D   | D   | D   | D   ||
```

15

Outro

```
            N.C.     E     B          F#m
            Can you dig it?    Oh yeah
            A        E     B          F#m
            Can you dig it?    Oh yeah
            A        E     B          F#m
            Can you dig it?    Oh yeah
            A          C#m B          A
            Can you dig it what I'm saying?
            C#m                 B     A
               One little kiss isn't everything,
            C#m                 B     A
               You keep insist - ing on everything,
                      Bsus4
            I won't be sad.

                   A
            Will someone turn the lights off?

                   E
            Can you dig it?

            Can you dig it?

            Can you dig it?

            Can you dig it?
```

Can't Do A Thing (To Stop Me)

Words & Music by Chris Isaak & Brian Elliot

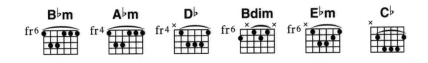

Intro | B♭m | A♭m | B♭m | A♭m ‖

B♭m   **A♭m**
   Here I go again
      B♭m
Dream - ing
A♭m
   Here I go again
B♭m   **A♭m**
(Can't do a thing to stop me now___)
B♭m   **A♭m**
(Can't do a thing to stop me now___)

B♭m   **A♭m**
   Having a good time baby
B♭m   **A♭m**
   Wish you were here
              D♭
Thinking about you baby
A♭m   **D♭**   **Bdim**
   It feels like you're near

        B♭m   **A♭m**
And you can't do a thing
 B♭m   **A♭m**
To stop me
(Can't do a thing to stop me now___)
       B♭m   **A♭m**
No you can't do a thing
 B♭m
To stop me   **A♭m**
(Can't do a thing to stop me now___)

B♭m   A♭m
   Days can be lonely

B♭m   A♭m
   Nights dreams come true

                               D♭
Making love with some - body

A♭m   D♭   Bdim
   Exactly like you

         B♭m   A♭m
And you can't do a thing

  B♭m   A♭m
To stop me
(Can't do a thing to stop me now___)

       B♭m
No you can't do a thing

  B♭m   A♭m
To stop me
(Can't do a thing to stop me now___)

Oh try

B♭m
(Can't do a thing to stop me now)

A♭m
Can't do a thing to stop me

B♭m
(Can't do a thing to stop me now)

    A♭m
Ohhh
   (Can't do a thing to stop me)

E♭m   **C♭**   **D♭**
   Couldn't stop my - self if I tried

E♭m   **C♭**   **D♭**
   Because I got you too deep in - side

        B♭m   **A♭m**
And you can't do a thing

      B♭m   **A♭m**
To stop me
(Can't do a thing to stop me now___)

       B♭m   **A♭m**
No you can't do a thing

     B♭m   **A♭m**
To stop me
(Can't do a thing to stop me now___)

Try

‖: **B♭m** | **A♭m** | **B♭m** | **A♭m** :‖

B♭m
(Can't do a thing to stop me now)

A♭m
(Can't do a thing to stop me)

  B♭m
Dream, ba - by...
   (Can't do a thing to stop me now)

A♭m
(Can't do a thing to stop me)

B♭m   **A♭m**   **B♭m**
Dream___
(Can't do a thing to stop me now)

A♭m
Dreaming...
(Can't do a thing to stop me)

B♭m
Dreaming
(Can't do a thing to stop me now)

A♭m
   Dreaming...
(Can't do a thing to stop me)...

‖: **B♭m** | **A♭m**   :‖   *Repeat to fade with vocal ad libs.*

Creep

Words & Music by Thom Yorke, Jonny Greenwood, Colin Greenwood, Ed O'Brien,
Phil Selway, Albert Hammond & Mike Hazlewood

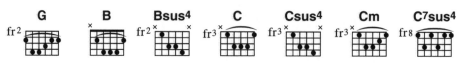

Intro
| G | G | B | Bsus4 B |
| C | Csus4 C | Cm | Cm ‖

Verse 1

           G
When you were here before

              B
Couldn't look you in the eye,

        C
You're just like an angel,

           Cm
Your skin makes me cry.

        G
You float like a feather

       B
In a beautiful world.

      C
I wish I was special,

         Cm
You're so fuckin' special

Chorus 1

     G   **B**
But I'm a creep, I'm a weirdo.

          C
What the hell am I doing here?

   Cm   **C7sus4**
I don't be - long here.

Verse 2

       G
I don't care if it hurts,

    B
I wanna have control,

      C
I wanna perfect body,

                  Cm
I wanna perfect soul.

             G
I want you to notice

               B
When I'm not around,

                    C
You're so fuckin' special

              Cm
I wish I was special...

Chorus 2

            G   **B**
But I'm a creep, I'm a weirdo.

                      C
What the hell am I doing here?

             Cm
I don't be - long here.

C7sus4
Oh, oh.

Bridge

G   **B**
She's running out a - gain,

C
She's running out

        Cm
She's run, run, run,

G   **B** **C**   **Cm**
Run.   Run...

Verse 3

                     G
Whatever makes you happy

                 B
Whatever you want,

                 C
You're so fuckin' special

              Cm
I wish I was special...

Chorus 3

            G   **B**
But I'm a creep, I'm a weirdo,

                      C
What the hell am I doing here?

             Cm
I don't be - long here,

             G
I don't be - long here.

Cryin'

Words & Music by Steve Tyler, Joe Perry & Taylor Rhodes

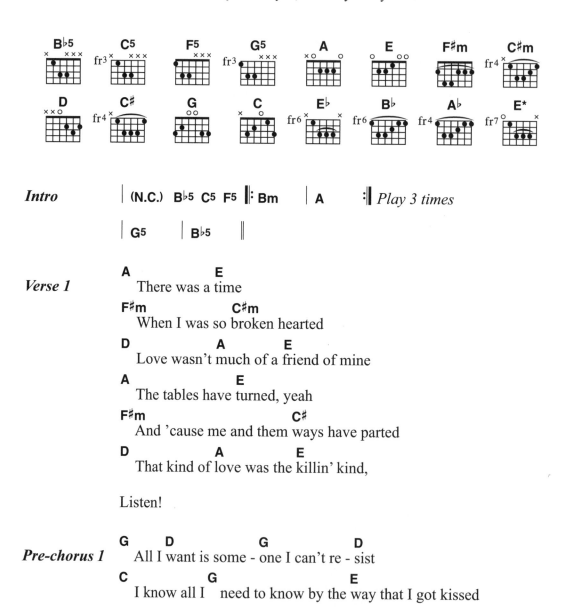

Intro | (N.C.) B♭5 C5 F5 ‖: Bm | A   :‖ *Play 3 times*

| G5 | B♭5   ‖

Verse 1

A   E
There was a time

F♯m   C♯m
When I was so broken hearted

D   A   E
Love wasn't much of a friend of mine

A   E
The tables have turned, yeah

F♯m   C♯
And 'cause me and them ways have parted

D   A   E
That kind of love was the killin' kind,

Listen!

Pre-chorus 1

G   D   G   D
All I want is some - one I can't re - sist

C   G   E
I know all I   need to know by the way that I got kissed

Chorus 1

      A   **E**
I was cryin' when I met you

           F#m   **D**
Now I'm tryin' to for - get you

A   **E**   **D**
  Love is sweet mise - ry

         A   **E**
I was cryin' just to get you

           C#m   **D**
Now I'm dyin' 'cause I let you

A   **E**   **D**   **B♭5 C5 F5**
  Do what you do - down on me, yeah

Bridge

G5   **B♭5 C5 F5**
  Now there's not even breathin' room

G5   **B♭5 C5 F5**
  Between pleasure and pain

G5   **B♭5 C5 F5**
  Yeah you cry when we're makin' love

G5   **B♭5**
  Must be one and the same

Verse 2

A   **E**
  It's down on me

F#m   **C#m**
Yeah I got to tell you one thing

D   **A**
  It's been on my mind

    E
Girl I gotta say

A   **E**
  We're partners in crime

F#m   **C#m**
You got that certain something

D   **A**
  What you give to me

    E
Takes my breath away

Pre-chorus 2

     G   **D**
Now the word out on the street

     G   **D**
Is the devil's in your kiss

C   **G**
  If our love goes   up in flames

    E
It's a fire I can't resist

Chorus 2

```
        A              E
I was cryin' when I met you
            F#m         D
Now I'm tryin' to for - get you
A               E        D
    Your love is sweet mise - ry
          A            E
I was cryin' just to get you
            C#m          D
Now I'm dyin' 'cause I let you
A               E     D  B♭5 C5 F5
    Do what you do to me
```

Instr. 1   ‖: G5 | G5   B♭5 C5 F5 :‖ *Play 3 times*

              | G5 | B♭5   ‖

Pre-chorus 3

```
          E♭                B♭
'Cause what you got in - side
            E♭                  B♭
Ain't where your love should stay
          A♭                  E♭
Yeah,   our love, sweet love,   ain't love
            E*
If you give your heart away, yeah...
```

Chorus 3

```
        A              E
I was cryin' when I met you
            F#m         D
Now I'm tryin' to for - get you
A               E        D
    Your love is sweet misery
          A            E
I was cryin' just to get you
            F#   N.C.  D
Now I'm dyin'___ to let you
A               E                    D
    Do what you do what you do down to   me,

baby, baby, baby, baby, baby, baby!
```

Instr 2   ‖: A | E | C♯m | D |

| A | E | D | D   :‖

| D | D   ‖

Chorus 4

A   E
I was cryin' when I met you
      F♯m   D
Now I'm tryin' to for - get you
A   E   D
  Your love is sweet mise - ry
    A   E
I was cryin' when I met you
      C♯m   D
Now I'm dyin' cause I let you
A   E   D
  Do what you do down to, down to, down to, down to...
    A   E
I was cryin' when I met you
      C♯m   D
Now I'm dyin' to for - get you
A   E   D
  Your love is sweet
    A   E   F♯m D
I was cryin' when I met you   *Fade out*

Dance The Night Away

Words & Music by Raul Malo

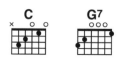

Capo fourth fret

Intro   ‖: C | G7 | C | G7   :‖ *Play 3 times*

Verse 1
C   G7   G7
Here comes my happiness a - gain
C   G7   C   G7
Right back to where it should have   been
C   G7   C   G7
'Cause now she's gone and I am   free
C   G7   C   G7
And she can't do a thing to   me

Chorus 1
C   G7   C   G7
I just wanna dance the night a - way
C   G7   C   G7
With seno - ritas who can   sway
C   G7   C   G7
Right now to - morrow's lookin' bright
C   G7   C   G7
Just like the sunny mornin' light

Verse 2
          C   G7
And if you should see her
          C   G7   C
Please let her know that I'm well
G7   C   G7
   As you can tell
          C   G7
And if she should tell you
          C   G7
That she wants me back
             C
Tell her no
G7   C   G7
   I gotta go

Chorus 2   As Chorus 1

Instr   𝄆 C | G⁷ | C | G⁷   𝄇   *Play 4 times*

Verse 3
| C   G7 |
And if you should see her
| C   G7   C |
Please let her know that I'm well
| G7   C   G7 |
  As you can tell
| C   G7 |
And if she should tell you
| C   G7 |
That she wants me back
| C |
Tell her no
| G7   C   G7 |
  I gotta go

Chorus 3   As Chorus 1

Chorus 4   As Chorus 1

Outro   𝄆 C | G⁷ | C | G⁷   𝄇

          | C | G⁷ | C | C   𝄂

Crucify

Words & Music by Tori Amos

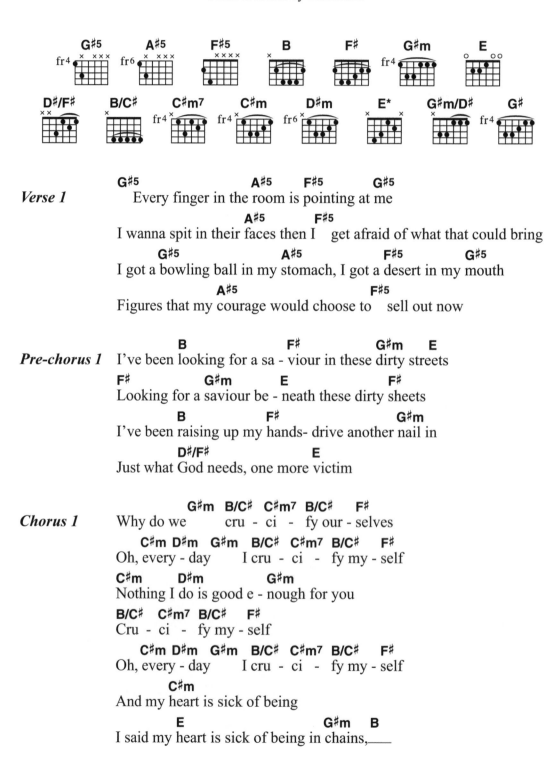

Verse 1

    G#5   A#5   F#5   G#5
Every finger in the room is pointing at me
                   A#5   F#5
I wanna spit in their faces then I   get afraid of what that could bring
       G#5   A#5   F#5   G#5
I got a bowling ball in my stomach, I got a desert in my mouth
                  A#5   F#5
Figures that my courage would choose to   sell out now

Pre-chorus 1

                 B   F#   G#m   E
I've been looking for a sa - viour in these dirty streets
F#   G#m   E   F#
Looking for a saviour be - neath these dirty sheets
                B   F#   G#m
I've been raising up my hands- drive another nail in
             D#/F#   E
Just what God needs, one more victim

Chorus 1

               G#m B/C# C#m7 B/C#   F#
Why do we   cru - ci - fy our - selves
      C#m D#m G#m B/C# C#m7 B/C#   F#
Oh, every - day   I cru - ci - fy my - self
C#m   D#m   G#m
Nothing I do is good e - nough for you
B/C# C#m7 B/C#   F#
Cru - ci - fy my - self
      C#m D#m G#m B/C# C#m7 B/C#   F#
Oh, every - day   I cru - ci - fy my - self
             C#m
And my heart is sick of being
          E   G#m   B
I said my heart is sick of being in chains,___

cont

E* G#m/D# C#m G#m   B
           Oh - oh, chains,____

E* G#m/D# C#m
           Oh - oh...

Verse 2

G#m   A#5   F#5   G#5
  Got a kick for a dog,   beggin' for love
                A#5   F#5
Gotta have my suffering so that   I can have my cross
           G#5   A#5   F#5   G#5
I know a   cat named Easter, he says   will you ever learn
                    A#5   F#5
You're just an empty cage girl if you   kill the bird

Pre-chorus 2

               B   F#   G#m   E
I've been looking for a savior in these dirty streets
F#   G#m   E   F#
Looking for a savior be - neath these dirty sheets
             B   F#   G#m
I've been raising up my hands- drive another nail in
                D#/F#   E
Got enough guilt to start my own re - ligion

Chorus 2   As Chorus 1

Bridge

   G#   B F#
Please be
G#   B F#
Save me
G# B   F# G# B F#
I   cry

Pre-chorus 3

B   F#   G#m   E
Looking for a saviour in these dirty streets
F#   G#m   E   F#
Looking for a saviour be - neath these dirty sheets
             B   F#   G#m
I've been raising up my hands - drive another nail in
               D#/F#   E
Where are those angels when you need them

                       G♯m B/C♯ C♯m7 B/C♯   F♯
Why do we   cru - ci - fy our - selves

           C♯m D♯m G♯m B/C♯ C♯m7 B/C♯   F♯
Oh, eve - ryday,   I cru - ci - fy my - self

C♯m   D♯m   G♯m
Nothing I do is good e - nough for you

B/C♯ C♯m7 B/C♯   F♯
Cru - ci - fy my - self

          C♯m D♯m G♯m B/C♯ C♯m7 B/C♯   F♯
Oh, eve - ryday,   I cru - ci - fy my - self

          C♯m
And my heart is sick of being

         E   G♯m   B
I said my heart is sick of being in chains,___

E* G♯m/D♯ C♯m G♯m   B
       Oh - oh, chains,___

E* G♯m/D♯   C♯m
     Why do we...

              G♯m   B   E*   G♯m/D♯
       ...Chains... cru - ci - fy our - selvesÉ
(Why do we   crucify our - selves?)

C♯m   G♯m   B   E*   G♯m/D♯
Eve - ry - day...   ... uh-uh-oh-oh - oh...
(Why do we   crucify our - selves?)

C♯m   G♯m   B   E*   G♯m/D♯
  ...Oh chains...   oh...
(Why do we   crucify our - selves?)

C♯m   G♯m   B   E*   G♯m/D♯
Yeah, yeah, chains,   ah-ah-oh-oh - oh...
(Why do   we   cru - cify our - selves?)

C♯m   G♯m   B   E*   G♯m/D♯
  ...Never going back again, oh, to cru-ci - fy my - self
(Why do   we   crucify our - selves?)

C♯m   G♯m   B   E*   G♯m/D♯
again, you know, never going back a - gain, to cru-ci - fy   my - self,
(Why   do   we   cru - ci-fy our-selves?)

C♯m   G♯m
...Every - day

Do You Remember The First Time?

Words by Jarvis Cocker
Music by Pulp

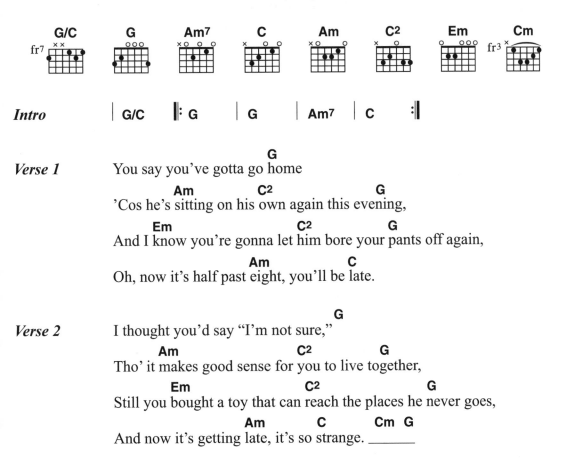

Intro | G/C |: G | G | Am⁷ | C :|

Verse 1

                                  G
You say you've gotta go home
      Am   **C2**   **G**
'Cos he's sitting on his own again this evening,
      Em   **C2**   **G**
And I know you're gonna let him bore your pants off again,
                  Am   **C**
Oh, now it's half past eight, you'll be late.

Verse 2

                                    G
I thought you'd say "I'm not sure,"
      Am   **C2**   **G**
Tho' it makes good sense for you to live together,
      Em   **C2**   **G**
Still you bought a toy that can reach the places he never goes,
                  Am   **C**   **Cm** **G**
And now it's getting late, it's so strange. _____

Chorus 1

  G   Am7
  Do you remember the first time?

        C
I can't remember the worst time,

           Cm
Oh, but you know that we've changed so much since then,

      G
Oh yeah, we've grown.

             Am7
Now I don't care what you're doing,

         C
No, I don't care if you screw him,

           Cm
Ooh, just as long as you save a piece for me,

        G/C
Oh, yeah now, ooh.

Verse 3

          G
You wanna go home,

   Am   C2   G
Well at least there's someone there you can talk to,

   Em   C2   G
And you never have to face up to the night on your own,

        Am   C   Cm G
Jesus, it must be great to be straight. _____

Chorus 2   As Chorus 1

Interlude

(G/C)   G   Am C
You wanna go home,

        G   Am C
You wanna go home,

         G   Am C
Oh yeah, you wanna go home,

        G Am C   G
You wanna go home.   Hey.

Chorus 3

(G)   **Am⁷**

   Do you remember the first time?

                 C

I can't remember the worst time,

                        Cm

Oh, but you know that we've changed so much since then,

            G

Oh yeah, we've grown.

                         Am⁷

Now I don't care what you're doing,

                   C

No, I don't care if you screw him,

                  Cm

Ooh, just as long as you save a piece for me,

Oh yeah, now.

Chorus 4

G   **Am⁷**

   Do you remember the first time?

                 C

I can't remember the worst time,

                        Cm

Oh, but you know that we've changed so much since then,

            G

Oh yeah, we've grown.

                         Am⁷

Now I don't care what you're doing,

                   C

No, I don't care if you screw him,

                  Cm

Ooh, just as long as you save a piece for me,

           G/C

Oh, yeah now, ooh,

           G

You wanna go home.

Don't Look Back In Anger

Words & Music by Noel Gallagher

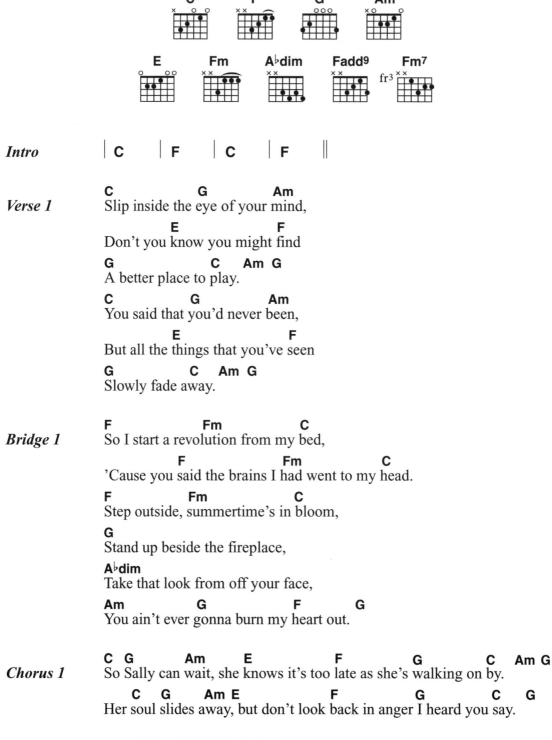

Intro | C | F | C | F ‖

Verse 1

C   G   Am
Slip inside the eye of your mind,
          E   F
Don't you know you might find
G   C Am G
A better place to play.
C   G   Am
You said that you'd never been,
          E   F
But all the things that you've seen
G   C Am G
Slowly fade away.

Bridge 1

F   Fm   C
So I start a revolution from my bed,
          F   Fm   C
'Cause you said the brains I had went to my head.
F   Fm   C
Step outside, summertime's in bloom,
G
Stand up beside the fireplace,
A♭dim
Take that look from off your face,
Am   G   F   G
You ain't ever gonna burn my heart out.

Chorus 1

C G   Am   E   F   G   C Am G
So Sally can wait, she knows it's too late as she's walking on by.
      C G   Am E   F   G   C G
Her soul slides away, but don't look back in anger I heard you say.

Instrumental | Am E | F G | C Am G ||

Verse 2
```
C                  G              Am
Take me to the place where you go,
        E      F
Where nobody knows
G            C   Am G
If it's night or day.
C                  G              Am
Please don't put your life in the hands
      E          F
Of a rock 'n' roll band
G                   C    Am G
Who'll throw it all away.
```

Bridge 2   As Bridge 1

Chorus 2
```
C  G      Am      E              F
So Sally can wait, she knows it's too late
         G          C   Am G
As she's walking on by.
     C     G    Am E           F
Her soul slides away, but don't look back in anger
G           C   Am G
I heard you say.
```

Guitar solo   Chords as Bridge

Chorus 3   As Chorus 2

Chorus 4
```
C  G      Am       E              F
So Sally can wait, she knows it's too late
         G          C   Am G
As she's walking on by.
     C     G    Am                Fadd9
Her soul slides away, but don't look back in anger,
          Fm7
Don't look back in anger
              C   G  | Am  E | F  Fm |
I heard you say.
          C
It's not too late.
```

End Of A Century

Words & Music by Damon Albarn, Graham Coxon, Alex James & David Rowntree

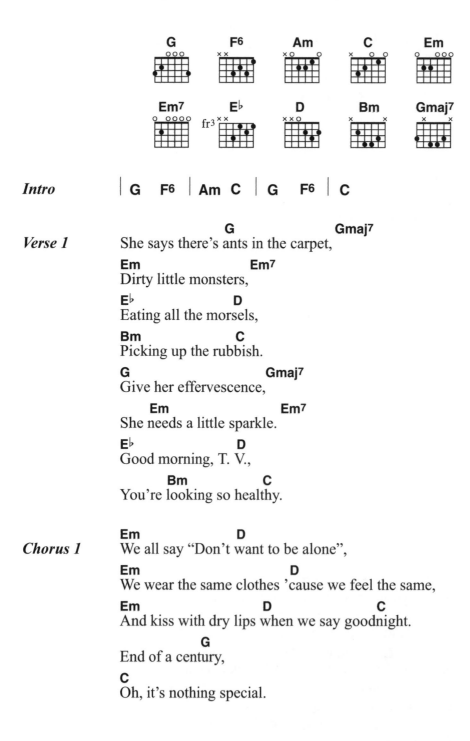

Intro | G F6 | Am C | G F6 | C

Verse 1

                       G   Gmaj7
She says there's ants in the carpet,

Em   Em7
Dirty little monsters,

E♭   D
Eating all the morsels,

Bm   C
Picking up the rubbish.

G   Gmaj7
Give her effervescence,

     Em   Em7
She needs a little sparkle.

E♭   D
Good morning, T. V.,

      Bm   C
You're looking so healthy.

Chorus 1

Em   D
We all say "Don't want to be alone",

Em   D
We wear the same clothes 'cause we feel the same,

Em   D   C
And kiss with dry lips when we say goodnight.

                G
End of a century,

C
Oh, it's nothing special.

Verse 2

```
G                   Gmaj7
Sex on the T.V.,
Em                  Em7
Everybody's at it,
          E♭            D
And the mind gets dirty
          Bm      C
As you get closer to thirty.
      G                   Gmaj7
He gives her a cuddle,
          Em                  Em7
They're glowing in a huddle.
E♭            D           Bm
Good night T.V., you're all made up
C
And you're looking like me.
```

Chorus 2   As Chorus 1

Instrumental
```
| G        | Gmaj7  | Em       | Em7     |

| E♭       | D      | Bm       | C       |
```

```
G    F6  Am C
Can you eat her?
G    F6  C
Yes you can.
```

Chorus 3
```
     Em                  D
||:  We all say "Don't want to be alone",
Em                      D
We wear the same clothes 'cause we feel the same,
Em               D               C
And kiss with dry lips when we say goodnight.
              G
End of a century,
C
Oh it's nothing special. :||
                 G
Oh, end of the century,
C              G    Gmaj7
Oh, it's nothing special.
```

```
| Em  Em7 | E♭   D   | C C D G ||
```

Down By The Water

Words & Music by P J Harvey

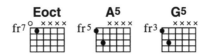

Verse 1

```
N.C.      Eoct  A5
I lost my heart
Eoct   G5    Eoct   A5
  Un - der the bridge
Eoct      G5       Eoct  A5
  To that little girl
Eoct G5       Eoct  A5
  So much to me
Eoct  G5          Eoct  A5
  And now I'm old
Eoct  G5          Eoct  A5
  And now I hol - ler
Eoct   G5         Eoct  A5
  She'll never know
Eoct  G5        Eoct   G5 A5 Eoct
  Just what I found
```

Verse 1

```
    N.C.      Eoct
That blue eyed girl
   A5       Eoct
(that blue eyed girl)
   G5          Eoct
She said "no more"
   A5          Eoct
(she said "no more")
   G5       Eoct
And that blue eyed girl
   A5       Eoct
(that blue eyed girl)
   G5          Eoct
Became blue eyed whore
    A5           Eoct
('came blue eyed whore)
    G5       Eoct
Down by the water
```

cont

       A5   **Eoct**
(down by the water)

    G5   **Eoct**
I took her hand

     A5   **Eoct**
(I took her hand)

    G5   **Eoct**
Just like my daughter

      A5   **Eoct**
(just like my daughter)

        G5   **Eoct**
Won't see her again

     G5 A5 **Eoct**
(see her again)

Instr   𝄆 **Eoct A5** | **Eoct G5** | **Eoct A5** | **Eoct G5** 𝄇 *Repeat 3 times*

           | **Eoct A5** | **Eoct G5** | **Eoct G5 A5** ‖

Verse 3   **Eoct N.C.**   **Eoct**
        Oh help me Jesus

      G5   **Eoct**
Come through this storm

    G5   **Eoct**
I had to lose her

     A5   **Eoct**
To do her harm

    G5   **Eoct**
I heard her hol - ler

     A5   **Eoct**
(I heard her hol - ler)

    G5   **Eoct**
I heard her moan

     A5   **Eoct**
(I heard her moan)

      G5   **Eoct**
My lovely daughter

       A5   **Eoct**
(my lovely daughter)

    G5   **Eoct**
I took her home

     G5 **A5**   **Eoct**
(I took her home)

Outro

Eoct   **A5**   **Eoct**   **G5**
Little fish,   big fish, swimming in the water,

Eoct   **A5**   **Eoct**   **G5**
Come back   here, man, gimme my   daughter.

Eoct   **A5**   **G5**
Little fish,   big fish, swimming in the water,

Eoct   **A5**   **G5**
Come back   here, man, gimme my   daughter.

Eoct   **A5**   **G5**
Little fish,   big fish, swimming in the water,

Eoct   **A5**   **G5**
Come back   here, man, gimme my   daughter.

Eoct   **A5**   **G5**
Little fish,   big fish, swimming in the water,

Eoct   **A5**   **G5**
Come back   here, man, gimme my   daughter.

Eoct   **A5**   **G5**
Little fish,   big fish, swimming in the water,

Eoct   **A5**   **G5**
Come back   here, man, gimme my   daughter.

Eoct   **A5**   **G5**
Little fish,   big fish, swimming in the water,

Eoct   **A5**   **G5**
Come back   here, man, gimme my   daughter.

   Eoct
‖: Little fish, big fish, swimming in the water,

Come back here, man, gimme my daughter... :‖   *Repeat to fade*

Friday I'm In Love

Words by Robert Smith
Music by Robert Smith, Simon Gallup, Porl Thompson, Boris Williams & Perry Bamonte

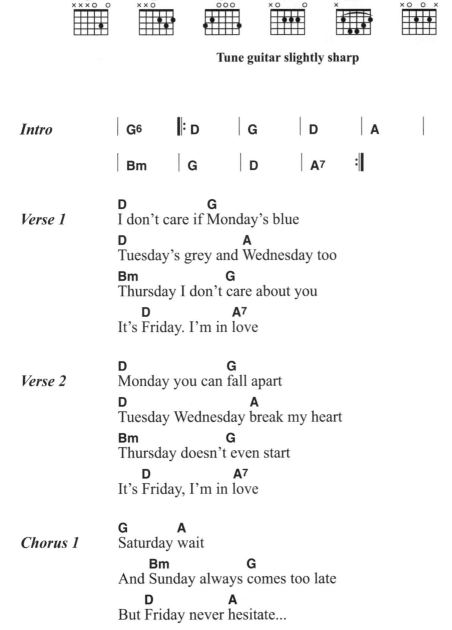

Tune guitar slightly sharp

Intro
| G6 |: D | G | D | A |
| Bm | G | D | A7 :|

Verse 1
D   G
I don't care if Monday's blue
D   A
Tuesday's grey and Wednesday too
Bm   G
Thursday I don't care about you
    D   A7
It's Friday. I'm in love

Verse 2
D   G
Monday you can fall apart
D   A
Tuesday Wednesday break my heart
Bm   G
Thursday doesn't even start
    D   A7
It's Friday, I'm in love

Chorus 1
G   A
Saturday wait
    Bm   G
And Sunday always comes too late
   D   A
But Friday never hesitate...

	D G
Verse 3	I don't care if Monday's black

Verse 3

D   G
I don't care if Monday's black
D   A
Tuesday Wednesday heart attack
Bm   G
Thursday never looking back
     D   A⁷
It's Friday I'm in love

Instr

D	G	D	A	
Bm	G	D	A	‖

Verse 4

D   G
Monday you can hold your head
D   A
Tuesday Wednesday stay in bed
     Bm   G
Or Thursday watch the walls instead
     D   A⁷
It's Friday, I'm in love

Chorus 2

G   A
Saturday wait
     Bm   G
And Sunday always comes too late
     D   A
But Friday never hesitate...

42

Bridge

Bm   Cadd9
   Dressed up to the eyes
                 D
It's a wonderful sur - prise
          A   Bm
To see your shoes and your spirits rise
            Cadd9
Throwing out your frown
            D
And just smile at the sound
       A
As sleek as a sheik
          Bm
Spinning round and round
          Cadd9
Always take a big bite
          D
It's such a gorgeous sight
       A   Bm
To see you eat in the middle of the night
          Cadd9
You can never get e - nough
        D
Enough of this stuff
       A
It's Friday, I'm in love

Verse 5   As Verse 1

Verse 6   As Verse 1

Outro

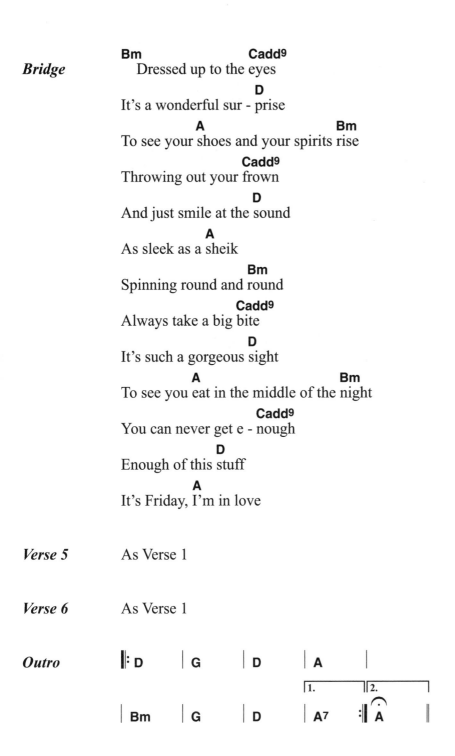

Get The Message

Words & Music by Bernard Sumner & Johnny Marr

D   C/D   B♭maj7   G

C   B♭   Gm   Cadd9   Am7

Intro

‖: D | C/D | B♭maj7 | G   C |

| D | C/D | G | B♭maj7 C :‖

‖: D | C/D | B♭ | Gm   C :‖

Verse 1

   D   C   D
I've always thought of you as my brick wall

        C   G
Built like an angel, six feet tall

       D
Six feet tall

                  C   D
And when you go a - way, I start to weep

             C   G
You're too ex - pensive girl to keep

       D
Isn't it sweet?

Chorus 1

     D   C/D   B♭maj7
I don't know where to begin, living in sin

            G   C   D
How can we talk? Look where you've been

              C/D   G
I've counted the nights of living in sin

           B♭   C   D
How can we talk? Look where we've been

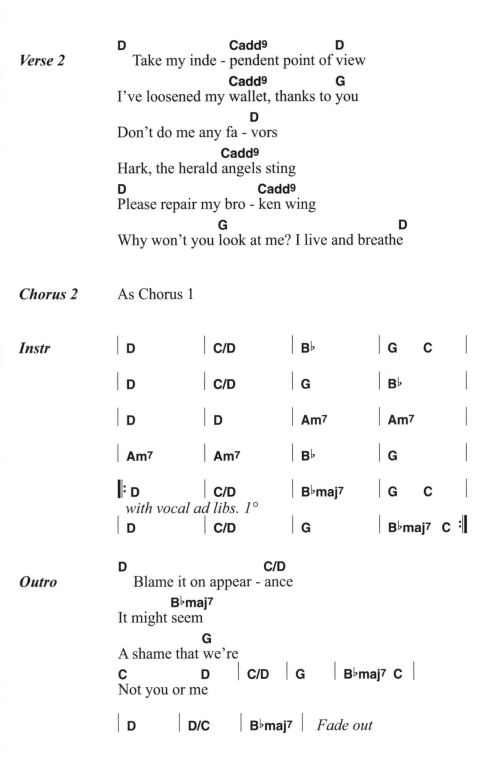

Verse 2

    D   **Cadd⁹**   **D**
     Take my inde - pendent point of view
               Cadd⁹   **G**
     I've loosened my wallet, thanks to you
              D
     Don't do me any fa - vors
            Cadd⁹
     Hark, the herald angels sting
     D   **Cadd⁹**
     Please repair my bro - ken wing
            G   **D**
     Why won't you look at me? I live and breathe

Chorus 2   As Chorus 1

Instr

D	C/D	B♭	G C
D	C/D	G	B♭
D	D	Am⁷	Am⁷
Am⁷	Am⁷	B♭	G
‖: D	C/D	B♭maj⁷	G C

with vocal ad libs. 1°

| D | C/D | G | B♭maj⁷ C :‖ |

Outro

    D   **C/D**
     Blame it on appear - ance
          B♭maj⁷
     It might seem
             G
     A shame that we're
     C   **D** | C/D | G | B♭maj⁷ C |
     Not you or me

| D | D/C | B♭maj⁷ | *Fade out* |

45

A Girl Like You

Words & Music by Edwyn Collins

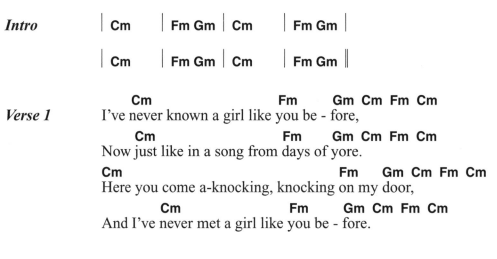

Intro | Cm | Fm Gm | Cm | Fm Gm |

| Cm | Fm Gm | Cm | Fm Gm ‖

Verse 1

     Cm   **Fm**   **Gm Cm Fm Cm**
I've never known a girl like you be - fore,

     Cm   **Fm**   **Gm Cm Fm Cm**
Now just like in a song from days of yore.

Cm   **Fm**   **Gm Cm Fm Cm**
Here you come a-knocking, knocking on my door,

     Cm   **Fm**   **Gm Cm Fm Cm**
And I've never met a girl like you be - fore.

Guitar riff 1 | Cm | Fm Gm | Cm | Fm Gm |

| Cm | Fm Gm | Cm | Fm Cm ‖

Verse 2

     Cm   **Fm**   **Gm Cm Fm Cm**
You give me just a taste so I want more,

     Cm   **Fm**   **Gm Cm Fm Cm**
Now my hands are bleeding and my knees are raw,

     Cm   **Fm**   **Gm Cm Fm Cm**
'Cause now you've got me crawling, crawling on the floor,

     Cm   **Fm**   **Gm Cm Fm Cm**
An' I've never known a girl like you be - fore.

Guitar riff 2 | Cm | Fm Gm | Cm | Fm Gm |

| Cm | Fm Gm | Cm | Fm Cm ‖

Verse 3

Cm   Fm   Gm
You've made me acknowledge the devil in me,
     Cm   Fm   Gm
I hope to God I'm talking meta - phorical - ly,
     Cm   Fm   Gm
I hope that I'm taking alle - gorical - ly,
Cm   Fm   Gm
Know that I'm talking 'bout the way I feel.
             Cm   Fm   Gm Cm Fm Cm
An' I've never known a girl like you be - fore,
Cm   Fm   Gm
Never, never, never, never,
Cm   Fm   Cm
Never known a girl like you be - fore.

Guitar solo | Cm | Fm Gm | Cm | Fm Gm |

| Cm | Fm Gm | Cm | Fm Cm ‖

Outro

Cm   Fm   Gm
   This old town's changed so much,
Cm   Fm   Gm
   Don't feel that I be - long,
Cm   Fm   Gm
   Too many protest singers,
Cm   Fm   Gm
   Not enough protest songs.
         Cm   Fm Gm
And now you've come along,
      Cm   Fm Gm
Yes you've come along,
         Cm   Fm   Cm
And I've never met a girl like you be - fore.

Guitar outro   ‖: Cm | Fm Gm | Cm | Fm Gm |

| Cm | Fm Gm | Cm | Fm Gm :‖

Ad lib. to end

Gone Till November

Words & Music by Wyclef Jean

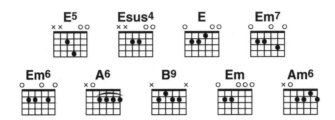

Intro
(spoken)

E5   Esus4
  I dedicate this record, the carnival to

E
All you brothers takin' long trips down south,

Em7   Em6   E5
  Virginia, Baltimore,   all around the world, and your girl gets this

Em7
Message that you ain't comin' back,

Em6   E5   Esus4
  She's sittin' back in the room, the lights are off, she's cryin',

E
  And then my voice comes in

Pow! In the middle of the night, and this is what I told her for you...

Chorus 1
(sung)

E5   Esus4 E   Em7
  Every time I make a run, girl, you turn around and cry

     Em6   E5
I ask myself why, oh why

Em7   Em6   E5   Esus4   E
  See, you must under - stand, I can't work a 9   to   5

So I'll be gone 'til November

          A6
Said I'll be gone 'til November, I'll be gone 'til November

Yo, tell my girl, yo, I'll be gone 'til November

       E
I'll be gone 'til November, I'll be gone 'til November

Yo, tell my girl, yo, I'll be gone 'til November

A6
January, February, March, April, May

cont   I see you cryin', but girl, I can't stay

                         E
                I'll be gone 'til November, I'll be gone 'til November

                B9
                   And give a kiss to my mother

                E5
Verse 1   When I come back, there'll be no need to clock

                E
                   I'll have enough money to buy out blocks

                Em7   **Em6**
                   Tell my brother, go to school in Sep - tember

                         E5
                So he won't mess up in summer school in the summer

                Em7   **Em6**
                   Tell my cousin, Jerry, wear his con - dom

                         E5   **Esus4**
                If you don't wear condom, you'll see a red lump

                         E
                Woh oh oh oh

                You sucker mc's, you got no flow

                I heard your style, you're s-o s-o

Chorus 2   As Chorus 1

                E5   **Esus4**
Verse 2   I had to flip nuttin' and turn it into somethin'
(Rap)
                         E   **N.C.**
                Hip - hop turns to the future rock when I smash a punk (bing!)

                Em7   **Em6**   **E5**
                   Commit treason, then I'll have a reason to hunt you down

                It's only right, it's rappin' season

                         Em7   **Em6**
                Yeah, you with the loud voice, posin' like you're top choice

                         E5   **Esus4**
                Your voice, I'll make a Hearse out of your Rolls Royce

                         E
                Be - sides, I got my girl to remember

                And I'll commit it that I'll be back in November

Chorus 3

E5   Esus4   E   Em7
    Every time I make a run, girl, you turn around and cry

    Em6   E5
I ask myself why, oh why

Em7   Em6   E5   Esus4   E
    See, you must under - stand, I can't work a 9   to   5

          Em
So I'll be gone   'til November

       A6
Said I'll be gone 'til November, I'll be gone 'til November

Yo, tell my girl, yo, I'll be gone 'til November

    E
I'll be gone 'til November, I'll be gone 'til November

Yo, tell my girl, yo, I'll be gone 'til November

A6   Am6
January, February, March, April, May

        A6
I see you cryin', but girl, I can't stay

   E
I'll be gone 'til November, I'll be gone 'til November

B9
  And give a kiss to my mother

Outro 3

E5   Esus4   E
    I know the hustle's hard, but we gotta enterprise...   the carnival.

Good Enough

Words & Music by Nigel Clark, Mathew Priest & Andy Miller

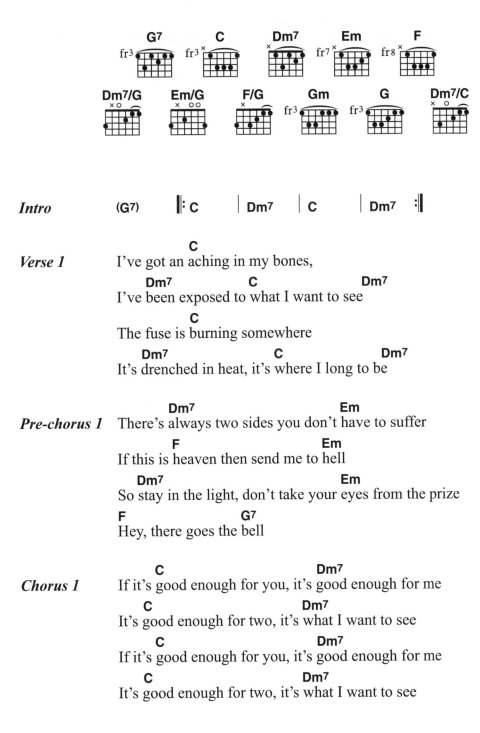

Intro (G7) ‖: **C** | **Dm7** | **C** | **Dm7** :‖

Verse 1
C
I've got an aching in my bones,
    Dm7   **C**   **Dm7**
I've been exposed to what I want to see
         C
The fuse is burning somewhere
    Dm7   **C**   **Dm7**
It's drenched in heat, it's where I long to be

Pre-chorus 1
        Dm7   **Em**
There's always two sides you don't have to suffer
      F   **Em**
If this is heaven then send me to hell
    Dm7   **Em**
So stay in the light, don't take your eyes from the prize
F   **G7**
Hey, there goes the bell

Chorus 1
      C   **Dm7**
If it's good enough for you, it's good enough for me
      C   **Dm7**
It's good enough for two, it's what I want to see
      C   **Dm7**
If it's good enough for you, it's good enough for me
      C   **Dm7**
It's good enough for two, it's what I want to see

Link | C | Dm7 | C | Dm7   ‖

Verse 2
```
             C                    Dm7                  C
Sing a song as the sun    does rise, if you don't ask
                          Dm7
Questions and you don't know why
              C              Dm7
There's a bridge to the oth - er side,
                      C                    Dm7
Don't take your eyes from the prize
```

Pre-chorus 2   As Pre-chorus 1

Chorus 2   As Chorus 1

Instr
```
   (acepella)                              (with band)
‖: C              | Dm7          :‖:C      | Dm7    :‖
   Do-do-do-do-do,    do-do-do-do,   (etc.)
```

Pre-chorus 3
```
                Dm7/G                   Em/G
There's always two sides you don't have to suffer
              F/G                 Em/G
If this is heaven then send me to hell
      Dm7/G                      Em/G
So stay in the light, don't take your eyes from the prize
F/G                G7
Hey, there goes the bell
```

Bridge
```
     Gm              G
You'd like me to buy mind,
     Gm                   G
  The situation may never find
```

Chorus 3
drums only
```
         (C)                    (Dm7)
If it's good enough for you, it's good enough for me
      (Em)                     (Dm7)
It's good enough for two, it's what I want to see
         (C)                    (Dm7)
If it's good enough for you, it's good enough for me
      (Em)                     (Dm7)
It's good enough for two, it's what I want to see
```

Chorus 4

        C   **Dm⁷**

If it's good enough for you, it's good enough for me

         C   **Dm⁷**

It's good enough for two, it's what I want to see

          C   **Dm⁷**

If it's good enough for you, it's good enough for me

         C   **Dm⁷**

It's good enough for two, it's what I want to see

Outo   ‖: **C** | **Dm⁷** | **C** | **Dm⁷** |

           | **C** | **Dm⁷** | **C** | **Dm⁷** :‖ *Repeat to fade*

53

Govinda

Words & Music by Crispian Mills, Alonza Bevan, Paul Winter-Hart & Jay Darlington

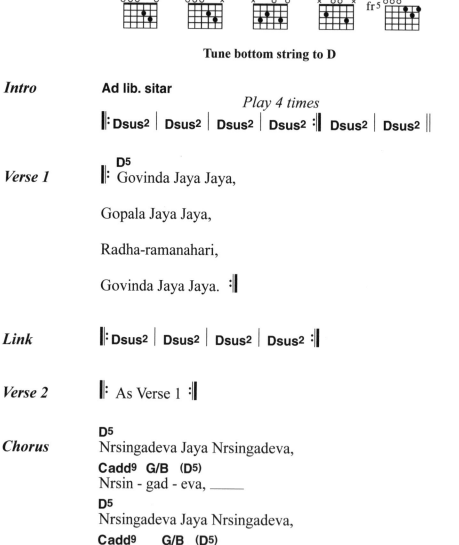

Tune bottom string to D

Intro

Ad lib. sitar

Play 4 times

‖: Dsus2 | Dsus2 | Dsus2 | Dsus2 :‖ Dsus2 | Dsus2 ‖

Verse 1

    D5
‖: Govinda Jaya Jaya,

Gopala Jaya Jaya,

Radha-ramanahari,

Govinda Jaya Jaya. :‖

Link

‖: Dsus2 | Dsus2 | Dsus2 | Dsus2 :‖

Verse 2

‖: As Verse 1 :‖

Chorus

D5
Nrsingadeva Jaya Nrsingadeva,
Cadd9 G/B (D5)
Nrsin - gad - eva, _____
D5
Nrsingadeva Jaya Nrsingadeva,
Cadd9   G/B (D5)
  Nrsin - gad - eva, _____
D5
Nrsingadeva Jaya Nrsingadeva,
Cadd9 G/B (D5)
Nrsin - gad - eva, _____
D5
Nrsingadeva.

Solo	‖: Dsus²	Dsus²	Dsus²	Dsus² :‖

| | Dm⁷ | Dm⁷ Cadd⁹ G/B | Dm⁷ | Dm⁷ Cadd⁹ G/B ‖ |

Link | Dsus² | Dsus² | Dsus² | Dsus² ‖

Verse 3   ‖: As Verse 1 :‖

Coda

Dsus²   Cadd⁹ G/B
Ooooh, ——————

Dsus²
Gaura Gaura Gaura Hari,

Dsus²   Cadd⁹ G/B
Ooooh. ——————

    Dsus²   **Cadd⁹ G/B**
Ah, —————— Guara Hari,

Dsus²   Cadd⁹ G/B
Ooooh, ——————

Dsus²   Cadd⁹ G/B
  Prabhupda,

Dsus²
Ooooh, ——————

| Dsus² | Dsus² | Dsus² Cadd⁹ |

Dsus²
    Govindam.

Groovy Train

Words & Music by Peter Hooton, Stephen Grimes, Keith Mullin & Carl Hunter

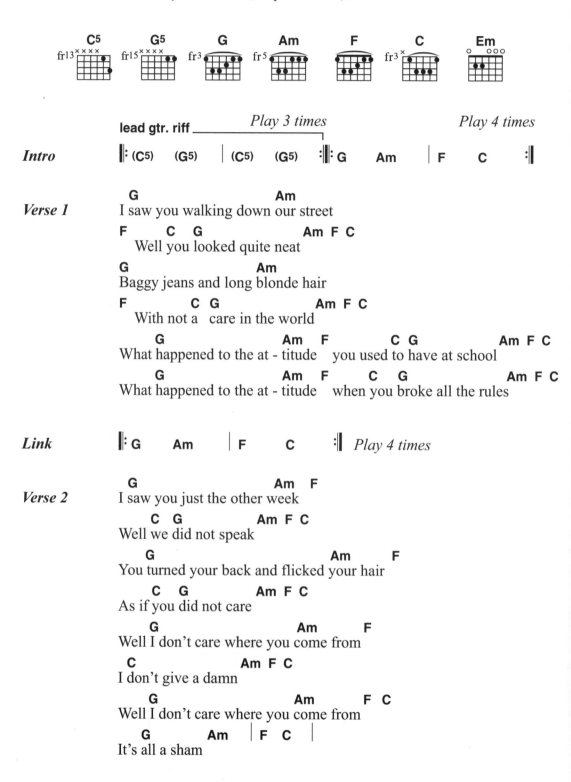

Intro
‖: (C5)   (G5) | (C5)   (G5) :‖: G   Am | F   C :‖

lead gtr. riff _____ Play 3 times   *Play 4 times*

Verse 1

G   Am
I saw you walking down our street
F   C   G   Am F C
  Well you looked quite neat
G   Am
Baggy jeans and long blonde hair
F   C   G   Am F C
  With not a   care in the world
     G   Am   F   C   G   Am F C
What happened to the at - titude   you used to have at school
     G   Am   F   C   G   Am F C
What happened to the at - titude   when you broke all the rules

Link

‖: G   Am | F   C :‖ *Play 4 times*

Verse 2

  G   Am   F
I saw you just the other week
    C   G   Am F C
Well we did not speak
  G   Am   F
You turned your back and flicked your hair
    C   G   Am F C
As if you did not care
     G   Am   F
Well I don't care where you come from
  C   Am F C
I don't give a damn
     G   Am   F C
Well I don't care where you come from
    G   Am | F   C |
It's all a sham

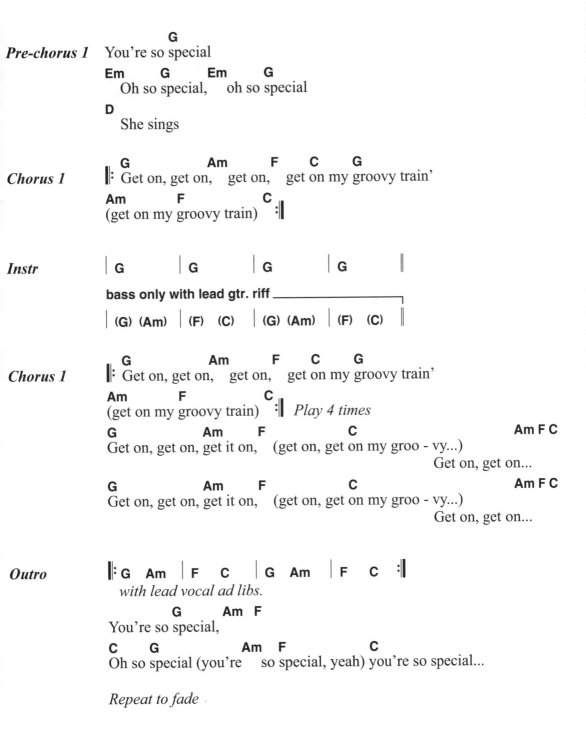

Pre-chorus 1

               G
You're so special

    Em   G   Em   G
  Oh so special,   oh so special

    D
  She sings

Chorus 1

          G   Am   F   C   G
‖: Get on, get on,   get on,   get on my groovy train'

Am   F   C
(get on my groovy train) :‖

Instr

| G | G | G | G | ‖

bass only with lead gtr. riff ⎯⎯⎯⎯⎯⎯⎯⎯⎯⎯⎯⎯

| (G) (Am) | (F) (C) | (G) (Am) | (F) (C) | ‖

Chorus 1

          G   Am   F   C   G
‖: Get on, get on,   get on,   get on my groovy train'

Am   F   C
(get on my groovy train) :‖ *Play 4 times*

G   Am   F   C   Am F C
Get on, get on, get it on, (get on, get on my groo - vy...)

                                     Get on, get on...

G   Am   F   C   Am F C
Get on, get on, get it on, (get on, get on my groo - vy...)

                                       Get on, get on...

Outro

‖: G Am | F   C | G Am | F   C :‖
  with lead vocal ad libs.

               G   Am F
You're so special,

C   G   Am F   C
Oh so special (you're   so special, yeah) you're so special...

Repeat to fade

Hallelujah

Words & Music by Leonard Cohen

Em(add#11) Em Em/B♭ Em/B Em/A C/G

D G Em7 C B7/D# Em* C*

G/B Em9 Em7* D/A Aoct (fr2) Boct (fr4) G* (fr3)

C** (fr3) D* (fr5) Em** (fr7) C*** (fr8) D** (fr10) G/A Cmaj7

Capo fifth fret

Intro $\frac{6}{8}$ ‖: Em(add#11) | Em(add#11) | Em | Em :‖

| Em/B♭ | Em/B♭ | Em/B | Em/B |

| Em/B♭ | Em/B♭ | Em/B | Em/A |

| C/G | C/G | C/G | C/G D |

‖: G | Em7 | G | Em7 :‖

Verse 1

        G   Em7
Well, I heard there was a secret chord,
        G   Em7
That David played and it pleased the Lord,
        C   D   G   D
But you don't really care for music, do ya?
        G   C   D
Well, it goes like this: The fourth, the fifth,
        Em7   C
The minor fall and the major lift,
        D   B7/D#   Em*
The baffled king composing Hallelujah.

| | C | Em | C | G | D | (G) |
| Chorus 1 | Hallelujah, Hallelujah, Hallelujah, Hallelu | - | jah.___ |

| G | Em7 | G | Em7 | ‖ |
(jah.),

| G | | Em7 |
| Verse 2 | Well, your faith was strong but you needed proof, |

| G | | Em7 |
| | You saw her bathing on the roof, |

| C | | D | G | | D |
| Her beauty and the moonlight overthrew ya. |

| G | | C | D |
| She tied you to her kitchen chair, |

| Em7 | | C |
| She broke your throne and she cut your hair, |

| D | | B7/D♯ | Em* |
| And from your lips she drew the Hallelujah. |

| Chorus 2 | As Chorus 1 |

| G | | Em7 |
| Verse 3 | Well, baby I've been here before, |

| G | | Em7 |
| | I've seen this room and I've walked this floor, |

| C | | D | G | | D |
| You know   I used to live alone before I knew ya. |

| G | | C | D |
| And I've seen your flag on the marble arch, |

| Em7 | | C |
| And love is not a victory march, |

| D | | B7/D♯ | Em* |
| It's a cold and it's a broken Hallelujah. |

| Chorus 3 | As Chorus 1 |

59

Verse 4
              G   **Em7**
Well, there was a time when you let me know,
G   **Em7**
 What's really going on below,
  C   **D** **G**   **D**
But now you never show that to me do ya?
      G   **C**   **D**
But remember when I moved in you,
Em7   **C**
 And the holy dove was moving too,
    D   **B7/D♯**   **Em***
And every breath we drew was Hallelujah.

Chorus 4
        C   **Em**   **C**   **G** **D** **(C*)**
Hallelujah, Hallelujah, Hallelujah, Hallelu - jah.___

Instrumental

C*	C* G/B	Em9	Em9 Em7*
C	C	G/B	D/A
G	Em7	G	Em7
C	C* Aoct	Boct	Aoct
G*	C** D*	Em**	C***
D**	D**	Em**	N.C.
C***	N.C.	D**	N.C.

60

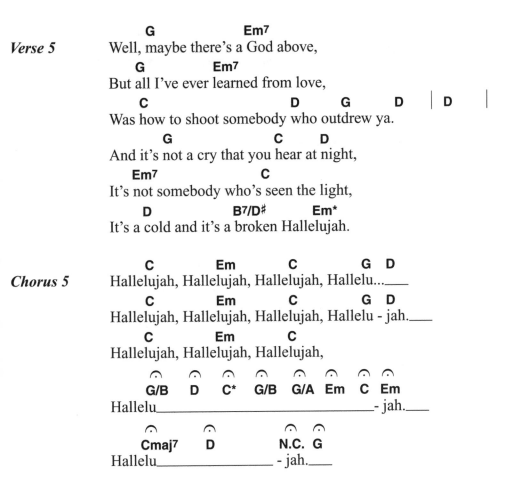

Verse 5

     G   **Em7**
Well, maybe there's a God above,

     G   **Em7**
But all I've ever learned from love,

     C   **D** **G**   **D** | **D** |
Was how to shoot somebody who outdrew ya.

     G   **C**   **D**
And it's not a cry that you hear at night,

  Em7   **C**
It's not somebody who's seen the light,

    D   **B7/D♯**   **Em***
It's a cold and it's a broken Hallelujah.

Chorus 5

     C   **Em**   **C**   **G** **D**
Hallelujah, Hallelujah, Hallelujah, Hallelu...____

     C   **Em**   **C**   **G** **D**
Hallelujah, Hallelujah, Hallelujah, Hallelu - jah.____

     C   **Em**   **C**
Hallelujah, Hallelujah, Hallelujah,

  G/B **D**   **C*** **G/B** **G/A** **Em** **C** **Em**
Hallelu_____- jah.____

  Cmaj7   **D**   **N.C.** **G**
Hallelu_____ - jah.____

61

Hard To Handle

Words & Music by Otis Redding, Alvertis Isbell & Allen Jones

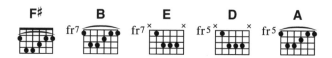

Intro

| **2** | F♯ | B | F♯ |

Verse 1

B   E
Hey there, here I am

      B   E
I'm the man on the scene,

B   E
I can give you what you want

        B   E
But you got to come home with me.

B   E
I forgot some good old lovin'

       B   E
And I got some more in store,

B   E
When I get to thrown it on you

       B   B
You got to come back for more.

Chorus 2

F♯
Toys and things that come by the dozen

F♯
That ain't nothin' but drug store lovin',

B   N.C
Hey little thing, let me light your candle

'Cause mama I'm sure hard to handle, now, gets around.

| D E | A E B |

Verse 2

B   E
Action speaks louder than words
            B   E
And I'm a man of great experience,
B   E
I know you got another man
            B   E
But I can love you better than him.
B   E
Take my hand, don't be afraid
            B   E
I'm gonna prove every word I say,
B   E
I'm advertisin' love for free
            B
So, you can place your ad with me.

Chorus 2

F♯
Once it come along a dime by the dozen
F♯
That ain't nothin' but ten cent lovin'.
B   N.C
Hey little thing, let me light your candle

'Cause mama I'm sure hard to handle, now, gets around.
A E B
   Yeah,
A E B
    hard to handle, now,
A E B
   Oh, baby.
A E B

Verse 3

       B   E
Baby, here I am

          B   E
The man on your scene,

    B   E
I can give you what you want

          B   E
But you got to come home with me.

    B   E
I forgot some good old lovin'

          B   E
And I got some more in store,

    B   E
When I get to thrown it on you

          B
You got to come runnin' back for more.

Chorus 3

F♯
Once it come along a dime by the dozen

F♯
That ain't nothin' but drug store lovin'.

B   N.C
Hey little thing, let me light your candle

'Cause mama I'm sure hard to handle, now, gets around.

A E B
   Hard,

A E B
   Hard to handle, now,

A E B
   Oh yeah,

A D B
Yeah, yeah.

Instr.   ‖: B :‖ *Play 8 times*

Chorus 4

F#
Once it come along a dime by the dozen

F#
That ain't nothin' but ten cent lovin'.

B5　**N.C**
Hey little babe, let me light your candle

'Cause mama I'm sure hard to handle, now, gets around.

A E B
　　Yeah,

A E B
　　so hard to

A　　**E**　**B**
handle, now

　　A E B
Oh yeah.

Outro

B　　　　**B**
Baby, good lovin'

B　**B**　　　　　　**B**
Baby, baby, owww, good lovin'

　　　　B　　**B**
I need good lovin'

　　　B　　　　　　**A E B**
I got to have, oh yeah,

A E B
Yeah

　　　　　A　　　**E B**
So hard to handle, now, yeah

A E B
　　Um-um-um.

How Bizarre

Words & Music by Alan Jansson & Paul Fuemana

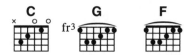

Intro

| C G | F | C G | F |

| C G | F | C G | F   ‖

Verse 1

C   G   F   G
Brother Pele's in the back, sweet Seena's in the front,

C   G   F   G
Cruising down the freeway in the hot, hot sun,

C   G   F   G
Suddenly red blue lights flash us from be - hind

C   G   F   G
Loud voice booming, "Please step out onto the line."

C   G   F   G
Pele breathes words of   comfort, Seena just hides her eyes,

C   G   F
Policeman taps his shades, "Is that a Chevy 69?"

Chorus 1

             C G F   G   C   G F G
How biz - arre,   how biz - arre, how biz - arre.

Verse 2

C   G   F   G
Destination un - known, as we pull in for some gas,

    C   G   F   G
A freshly pasted poster reveals a smile from the pack.

C   G   F   G
Elephants and acrobats, lions next mon - key,

C   G   F
Pele speaks righteous, Sister Seena says, "Funky."

Chorus 2

             C G F   G   C   G F
How biz - arre,   how biz - arre, how biz - arre.

```
                   G C    G    F
Bridge 1       Ooh baby,  (ooh baby),
                                C       G        F
               It's making me crazy, (it's making me crazy),
                   C    G      F
               Every time I look a - round, (look around),
                   C    G      F
               Every time I look  a - round, (every time I look around),
                     C    G      F                C  G F
               Every time I look a - round it's in my face.


                 C            G          F                  G
Verse 3        Ringmaster steps up, says "The elephants left town,"
                 C            G          F                      G
               People jump and jive, and the clowns inch back around.
                 C          G           F                    G
               T.V. news and cameras, there's choppers in the sky,
                 C          G           F                    G
               Marines, police, reporters, ask where, for and why.


                 C            G          F                  G
Verse 4        Pele yells "We're outta here," Seena says "Right on."
                 C              G                    F
               Make your moves and starting grooves, be - fore they knew we were gone
                 C          G    F                  G
               Jumped into the Chevy, headed for big lights,
                 C              G       F (N.C.)
               Wanna know the rest? Hey, buy the rights.


                       C   G F              G         C   G F
Chorus 3       How biz - arre,    how biz - arre, how biz - arre


                   G C    G    F
Bridge 2       Ooh baby,   (ooh baby),
                                C       G        F
               It's making me crazy, (it's making me crazy),
                   C    G      F
               Every time I look a - round, (look around),
                   C    G      F
               Every time I look a - round, (every time I look around),
                   C    G      F
               Every time I look a - round
                       C  G F
               It's in my face,
                       C  G F
               It's in my face.
```
67

Instrumental   ‖: C G | F   :‖ *Play 6 times*

Bridge 3   **(N.C.)**
Ooh baby, (ooh baby),

It's making me crazy, (it's making me crazy)

Every time I look a - round, (look around)

Every time I look a - round, (every time I look around)

Every time I look a - round
         C G F
It's in my face.

      C   **G**   **F**
Outro   Ooh baby,   (ooh baby),
   F   **C**   **G**   **F**
It's making me crazy, (it's making me crazy)
     C   **G**   **F**
Every time I look a - round, (look around)
     C   **G**   **F**
Every time I look a - round, (I look around)
     C   **G**   **F**   **N.C.**
Every time I look a - round it's in my face.

Inside

Words & Music by P. Lawlor

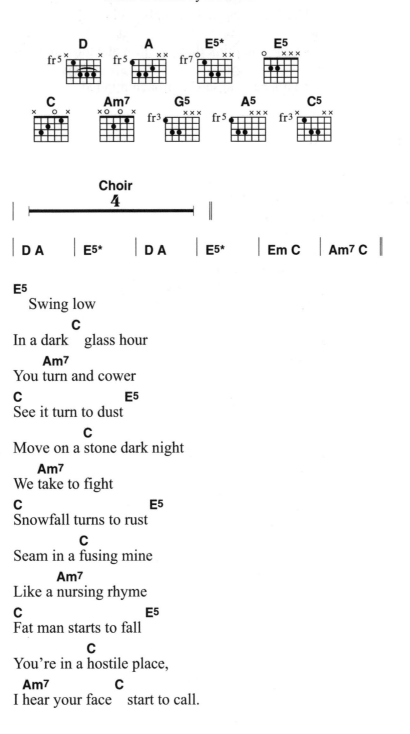

Intro

| D A | E5* | D A | E5* | Em C | Am7 C |

Verse 1

E5
    Swing low
        C
In a dark   glass hour
     Am7
You turn and cower
C   E5
See it turn to dust
          C
Move on a stone dark night
     Am7
We take to fight
C   E5
Snowfall turns to rust
        C
Seam in a fusing mine
       Am7
Like a nursing rhyme
C   E5
Fat man starts to fall
        C
You're in a hostile place,
   Am7   C
I hear your face   start to call.

Chorus 1

| E5 | G5 | A5 | C5 |

And if you think that I've been loosing my way

| E5 | G5 | A5 | C5 |

That's be - cause I'm slightly blinded

| E5 | G5 | A5 | C5 |

And if you think that I don't make too much sense

| E5 | G5 | A5 | C5 |

That's be - cause I'm broken minded.

Link 1 | D   A ‖

Bridge

E5*   D   A
Don't keep it...

E5*   D   A
Inside

E5*
If you believe it

D   A   E5* | E5*   ‖
Don't keep it all in - side

Verse 2

E5
Strong words

   C
In a Ganges sky

  A
I have to lie

C   E5
Shadows movin' fast

       C
Ring out from a bruised postcard

    Am7
In the shooting yard

C   E5
Looking through the tears

     C
Out of the black slate time

    Am7
We move in line

   C
But never reach an end

     C
Fall in a long stray town

    Am7
As the ice comes down

C
River starts to bend

Chorus 2   As Chorus 1

Link 2   ‖ **D** | **A**   ‖

E5*   **D A**

Bridge 2   Don't keep it ...

E5*   **D A**

   Inside

E5*

   If you believe it

D   **A**   **E5***

   Don't keep it all in - side, no, no!

Instr | **E5 C** | **Am7 C** | **E5 C** | **Am7 C** ‖

             | **E G5** | **A5 C5** | **E G5** | **A5 C5** ‖

                      bass only⎤

             | **C5** | **(E5) (G5)** | **(A5) (G5)** | **D**   **A** ‖

E5*   **D A**

Outro   Don't keep it

E5*   **D A**

   Inside,

E5*

   If you believe it,

D   **A**   **E5***

   Don't keep it all in - side,

D   **A**   **E5***

   Don't keep it all in - side,

D A E5*

      Don't keep it...

D A E5*

      Inside...

D A E5*

      If you believe it...

D   **A**   **E5***

   Don't keep it all in - side, don't...

Jeremy

Words by Eddie Vedder
Music by Jeff Ament

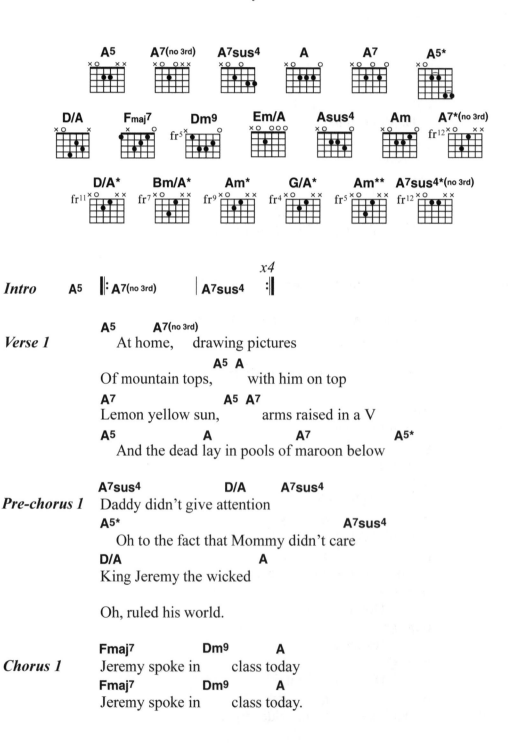

Intro   A5   ‖: A7(no 3rd) | A7sus4 :‖ *x4*

Verse 1
      A5   A7(no 3rd)
    At home,   drawing pictures
                    A5 A
    Of mountain tops,   with him on top
    A7   A5 A7
    Lemon yellow sun,   arms raised in a V
    A5   A   A7   A5*
    And the dead lay in pools of maroon below

Pre-chorus 1
A7sus4   D/A   A7sus4
Daddy didn't give attention
A5*   A7sus4
    Oh to the fact that Mommy didn't care
D/A   A
King Jeremy the wicked

Oh, ruled his world.

Chorus 1
Fmaj7   Dm9   A
Jeremy spoke in   class today
Fmaj7   Dm9   A
Jeremy spoke in   class today.

Verse 2

A5 A7(no 3rd)   A5

    Clearly I remember picking on the boy

A   A7

    Seemed a harmless little fuck

A5   A7

Ooh,   but we unleashed a lion

         A5   A

Gnashed his teeth and bit the recess ladies breast

          A5*

How could I forget

A7sus4

    And he hit me with a surprise left

A   A5

    My jaw left hurting, ooh, dropped wide open

A7(no 3rd)   Em/A

Just like the day

   A   Asus4 A A5*

Oh like the day I heard.

Pre-chorus 2

A7sus4   D/A   A7sus4

Daddy didn't give affection, no

   A   A5   A7sus4

And   the boy was something that Mommy wouldn't wear

D/A   A

King Jeremy the wicked

Oh, ruled his world.

Chorus 2

Fmaj7   Dm9   A

Jeremy spoke in   class today

Fmaj7   Dm9   A

Jeremy spoke in   class today

Fmaj7   Dm9   A

Jeremy spoke in   class today.

Instrumental

                    x4

‖: A5*   A7sus4 :‖

Middle

         A5*   A7sus4   A5*

Try to forget this   (try to forget this)

A7sus4   A5* A7sus4   A

Try to erase this (try to erase   this)

            Fmaj7 Dm Am

From the blackboard.

Chorus 3

Fmaj⁷   Dm⁹   A
Jeremy spoke in   class today

Fmaj⁷   Dm⁹   A
Jeremy spoke in   class today

Fmaj⁷   Dm⁹
Jeremy spoke in,   spoke in . . .

Am
Jeremy spoke in, spoke in . . .

Fmaj⁷   Dm⁹   A
Jeremy spoke in   class today.

Instrumental

                               x 2
‖: Fmaj⁷ | Dm⁹ | Am | Am :‖

                               x 6
‖: Fmaj⁷ | Dm⁹ | A5* | A5* :‖

Free rhythm

Outro   A7*(no 3rd)   D/A*   Bm/A*   Am*   G/A*   Am**   G/A*

            Am**   A7*(no 3rd)   D/A*   Bm/A*   Am*   G/A*

            Am**   G/A*   A7sus4*(no 3rd)

Kelly's Heroes

Words & Music by Shaun Ryder, Paul Leveridge, Martin Wright & Martin Mittler

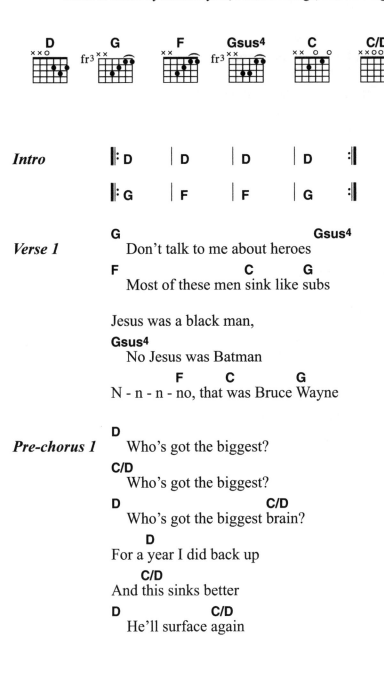

Intro
‖: D | D | D | D :‖

‖: G | F | F | G :‖

Verse 1

     G   **Gsus4**
Don't talk to me about heroes

  F   **C**   **G**
Most of these men sink like subs

Jesus was a black man,

Gsus4
No Jesus was Batman

               F   **C**   **G**
N - n - n - no, that was Bruce Wayne

Pre-chorus 1

  D
Who's got the biggest?

C/D
Who's got the biggest?

D   **C/D**
Who's got the biggest brain?

      D
For a year I did back up

   C/D
And this sinks better

D   **C/D**
He'll surface again

Chorus 1

    G   F
Don't talk to me about heroes

                                    G
Most of these men sink like subs

                         F
Don't talk to me about your big, big heroes

                                 G
Most of these men sink like subs

Link 1 | G | F | F | G ||

Verse 2

          G
He's never a sad man

      Gsus4
Or a so-called big bad man

F   C   G
All that's just down to the strain

When he hands out fish man

Gsus4
We're set to party sometime

F   C   G
Thank God I be - lieve.

Pre-chorus 2

        D
Who's got the biggest

C/D
Who's got the biggest

D   C/D
Who's got the biggest brain

D
Jesus was a black man

C/D
No Jesus was Batman

D   C/D
No, that was Bruce Wayne!

Chorus 2

G   F
Don't talk to me about heroes

                                   G
Most of these men sink like subs

                         F
Don't talk to me about your big big heroes

                                   G
Most of these men sink like subs

Instr   ‖: G | F | F | G   :‖

         | N.C. | N.C.   ‖

N.C.
(We lead double lives, we deal in sex and beautiful women)

‖: G* | F* | F*   G* | G*   :‖

‖: G | F | F | G   :‖

Chorus 3

G   F
Don't talk to me about heroes

                                   G
Most of these men sink like subs

                         F
Don't talk to me about your big big heroes

                                   G
Most of these men sink like subs

Outro   ‖: G | F | F | G   :‖ *Repeat to fade*

Kinky Afro

Words & Music by Shaun Ryder, Paul Ryder, Mark Day & Paul Davis

G/A   Em/A   Em7   A7

Capo third fret

Intro | G/A | Em/A | G/A | Em/A ‖

‖: Em7 | A7 | Em7 | A7 :‖

Verse 1
Em7   A7
Son, I'm 30
     Em7   A7
I only went with your mother 'cause she's dirty
         Em7   A7
And I don't have a decent bone in me
         Em7   A7
What you get is just what you see yeah
       Em7   A7
I see it so I take it freely
         Em7   A7
And all the bad piss ugly things I feed me
     Em7   A7
I never help or give to the needy
         Em7   A7
Come on and see me

Chorus 1
Em7   A7
Yippee-ippee-ey-ey-ay-yey-yey
       Em7   A7
I had to crucify some brother to - day
         Em7
And I don't dig what you gotta say
           Em7 A7
So come on and say it
         Em7   A7
Come on and tell me twice

Link 1   ‖: Em7 | A7 :‖

Verse 2

       Em7   A7
I said dad you're shabby,

         Em7   A7
You run a - round and groove like a baggy,

         Em7   A7
You're only here just out of habit,

        Em7   A7
All that's mine you might as well have it.

        Em7   A7
You take ten feet back and then stab it,

            Em7   A7
Spray it on and tag   it.

     Em7
So sack on me,

    A7
I can't stand the needy.

Em7   A7
Get around here if you're asking you're feeling.

Chorus 2   As Chorus 1

Link 2   ‖: Em7 | A7 :‖ *Play 7 times*

    Em7
So sack all the needy

     A7
I can't stand to leave it

    Em7   A7
You come around here and you put both your feet in

Chorus 3

Em7   A7
Yippee-ippee-ey-ey-ay-yey-yey

    Em7   A7
I had to crucify somebody to - day

      Em7   A7
And I don't   hear what you gotta say

      Em7   A7
So go on and say it

Chorus 4

Em⁷   A⁷
Yippee-ippee-ey-ey-ay-yey-yey,

          Em⁷   A⁷
I had to crucify some brother to - day,

            Em⁷   A⁷
And I don't   hear what you gotta say,

              Em⁷   A⁷
So come on and say it,

                  Em⁷   A⁷
Come on and tell   me twice.

Outro   ‖: Em⁷ | A⁷   :‖   *Repeat to fade*

Let Me Entertain You

Words & Music by Robbie Williams & Guy Chambers

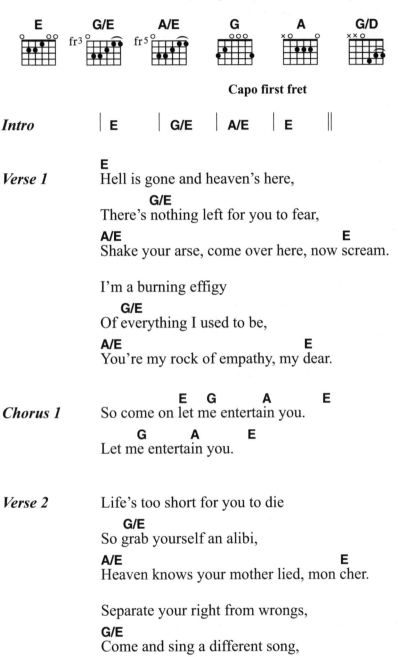

Capo first fret

Intro
| E | G/E | A/E | E ‖

Verse 1

    E
Hell is gone and heaven's here,

      G/E
There's nothing left for you to fear,

A/E   **E**
Shake your arse, come over here, now scream.

I'm a burning effigy

    G/E
Of everything I used to be,

A/E   **E**
You're my rock of empathy, my dear.

Chorus 1

          E G   A   E
So come on let me entertain you.

       G   A   E
Let me entertain you.

Verse 2

Life's too short for you to die

     G/E
So grab yourself an alibi,

A/E   **E**
Heaven knows your mother lied, mon cher.

Separate your right from wrongs,

G/E
Come and sing a different song,

   A/E   **E**
The kettle's on so don't be long, mon cher.

Chorus 2

       E **G** **A**   **E**
So come on let me entertain you.

    G **A**   **E**
Let me entertain you.

Verse 3

Look me up in the yellow pages,

G/E
I will be your rock of ages,

    A/E   **E**
Your see through fads and your crazy phases, yeah.

Little Bo Peep has lost his sheep,

  G/E
He popped a pill and fell asleep,

    A/E   **E**
The dew is wet but the grass is sweet, my dear.

Middle 1

               G/D
Your mind gets burned with the habits you've learned,

  A/C♯   **E**
But we're the generation that's got to be heard.

              G/D
You're tired of the teachers and your school's a drag,

   A/C♯   **E**
You're not going to end up like your mum and dad.

Chorus 3

       E **G**   **A**   **E**
So come on let me entertain you.

    G   **A**   **E**
Let me entertain you.

    G   **A**   **E**
Let me entertain you.

Middle 2

            G/D
He may be good, he may be outta sight,

  A/C♯   **E**
But he can't be here, so come around tonight.

           G/D
Here is the place where the feeling grows,

   A/C♯   **E**
You gotta get high before you taste the lows,

So come on…

Instrumental   ‖: E | G/E | A/E | E   :‖

Chorus 4
          G   A   E
Let me entertain you,

          G   A   E
Let me entertain you,

          G   A   E
Let me entertain you,

          G   A   E
Let me entertain you.

Link   ‖: Come on, come on, come on, come on,

Dsus²
Come on, come on, come on, come on,

A/C♯   **E**
Come on, come on, come on, come on.   :‖

Instrumental   ‖: E | G | A | E   :‖

Outro
                    G
‖: Let me entertain you,

A   **E**
Let me entertain you.   :‖   *Repeat to fade*

The Life Of Riley

Words & Music by Ian Broudie

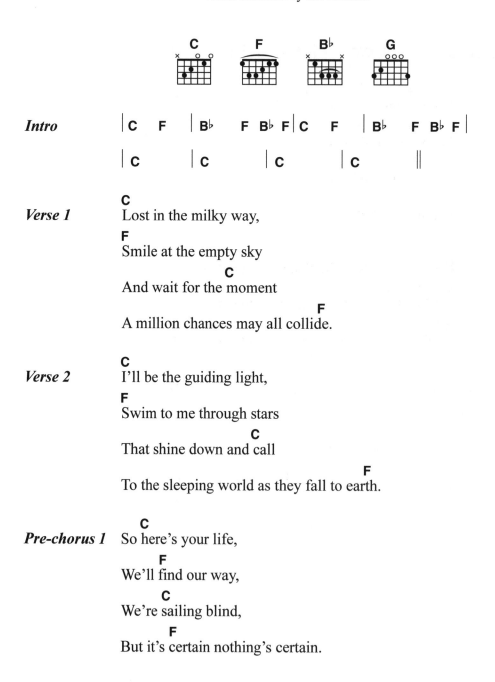

Intro
| C F | B♭ F B♭ F| C F | B♭ F B♭ F|

| C | C | C | C ||

Verse 1

C
Lost in the milky way,

F
Smile at the empty sky

C
And wait for the moment

F
A million chances may all collide.

Verse 2

C
I'll be the guiding light,

F
Swim to me through stars

C
That shine down and call

F
To the sleeping world as they fall to earth.

Pre-chorus 1

C
So here's your life,

F
We'll find our way,

C
We're sailing blind,

F
But it's certain nothing's certain.

Chorus 1

    C
I don't mind,
      F   C
I __ get the feeling you'll be fine,
      F   C
I __ still believe that in this world
       F   G
We've got to find the time,
                    C   F | B♭   F B♭ F | C   F | B♭   F B♭ (F)‖
For the life of Riley.

Verse 3

    F   C
From cradles and sleepless nights,
        F
You breathe in life forever,
        C
And stare at the world
                F
From deep under eiderdown.

Pre-chorus 2

    C
So here's your life,
        F
We'll find our way,
      C
We're sailing blind,
       F
But it's certain nothing's certain.

Chorus 2

    C
I don't mind,
      F   C
I __ get the feeling you'll be fine,
      F   C
I __ still believe that in this world
       F   G
We've got to find the time

For the first time.

Chorus 3

    C
I don't mind,
      F   C
I __ get the feeling you'll be fine,
      F   C
I __ still believe that in this world

     F   **G**
We've got to find the time
         C | **C** | **C** | **C** |
For the life of Riley.
G
All this world is a crazy ride,
     F   **G**
Just take your seat and hold on tight.

         C
Pre-chorus 3 So here's your life,
        F
We'll find our way,
       C
We're sailing blind,
       F
But it's certain nothing's certain.

      C
Chorus 4 I don't mind,
    F   **C**
I — get the feeling you'll be fine,
    F   **C**
I — still believe that in this world
      F   **G**
We've got to find the time,

For the first time.

      C
Chorus 5 I don't mind,
    F   **C**
I — get the feeling you'll be fine,
    F   **C**
I — still believe that in this world
     F   **G**
We've got to find the time,
          C **F**
For the life of Riley,
B♭   **F B♭ F C**   **F**
 The life of Ri - ley,
B♭   **F B♭ F C**   **F**
 The life of Ri - ley,
B♭   **F B♭ F C**
 The life of Ri - ley.

Loser

Words & Music by Beck & Karl Stephenson

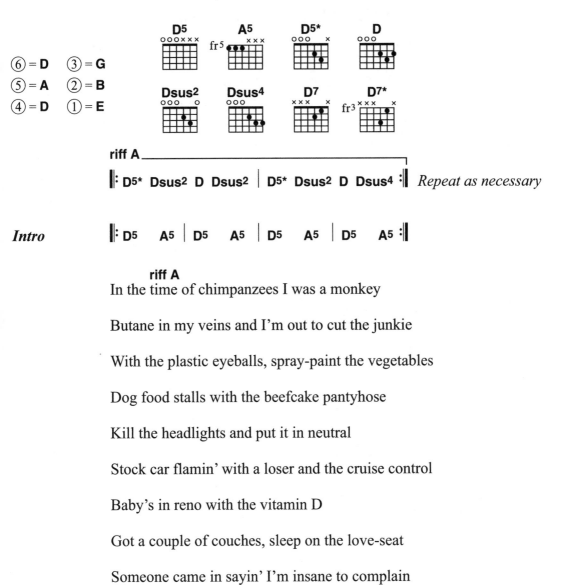

riff A

‖: D5* Dsus2 D Dsus2 | D5* Dsus2 D Dsus4 :‖ *Repeat as necessary*

Intro

‖: D5　A5 | D5　A5 | D5　A5 | D5　A5 :‖

riff A

In the time of chimpanzees I was a monkey

Butane in my veins and I'm out to cut the junkie

With the plastic eyeballs, spray-paint the vegetables

Dog food stalls with the beefcake pantyhose

Kill the headlights and put it in neutral

Stock car flamin' with a loser and the cruise control

Baby's in reno with the vitamin D

Got a couple of couches, sleep on the love-seat

Someone came in sayin' I'm insane to complain

About a shotgun wedding and a stain on my shirt

Don't believe everything that you breathe

You get a parking violation and a maggot on your sleeve

D5   A5

So shave your face with some mace in the dark

D5   A5

Savin' all your food stamps and burnin' down the trailer park

D5   A5 D5   N.C.

Yo,   cut it.

Chorus 1

riff A

Soy un perdedor

I'm a loser baby, so why don't you kill me?

Soy un perdedor

I'm a loser baby, so why don't you kill me?

Verse 2

N.C. (bass only)

Forces of evil on a bozo nightmare

Ban all the music with a phony gas chamber

'Cuz one's got a weasel and the other's got a flag

One's on the pole, shove the other in a bag

D5   A5

With the rerun shows and the cocaine nose-job

D5   A5

The daytime crap of the folksinger slob

D5   A5

He hung himself with a guitar string

D5   A5

A slab of turkey-neck and it's hangin' from a pigeon wing

D7

You can't write if you can't relate

                                       D7*

Trade the cash for the beef for the body for the hate

D7

And my time is a piece of wax fallin' on a termite

That's chokin' on the splinters.

Chorus 2

riff A
Soy un perdedor

I'm a loser baby, so why don't you kill me?

(Get crazy with the cheese whiz)

Soy un perdedor

I'm a loser baby, so why don't you kill me?
N.C.
(Drive-by body-pierce)
| **N.C.** | **N.C.** | **N.C.** | **N.C.** ‖
(Sooooy_____)

Instr

‖: **D5**　　**A5** | **D5**　　**A5** | **D5**　　**A5** | **D5**　　**A5** :‖

riff A _____
| **D5* Dsus2 D Dsus2** | **D5* Dsus2 D Dsus4** ‖

Outro

riff A　　　　　　　　　　　　　　　　　　　　　　　　　　　　　**N.C.**
(I'm a driver, I'm a winner; things are gonna change I can feel it)
riff A
Soy un perdedor

I'm a loser baby, so why don't you kill me?

(I can't believe you)

Soy un perdedor

I'm a loser baby, so why don't you kill me?

Soy un perdedor

I'm a loser baby, so why don't you kill me?

(Sprechen sie deutches, baby)

Soy un perdedor

I'm a loser baby, so why don't you kill me?
　　　　　　　　　　　　　　　D5
(Know what I'm sayin'?)　　　　　　　　　*Fade out*

Love Spreads

Words & Music by John Squire

Dm7   G   D   A   F   C

Intro

‖: Dm7 | Dm7 | Dm7 | Dm7 :‖

‖: Dm7 | Dm7 | Dm7 | Dm7 :‖

‖: G | G | D | D :‖

| A | A | D | D ‖

Verse 1

Dm7
Love spreads her arms, waits there for the nails;

"I forgive you, boy, I will prevail."

Too much to take, some cross to bear,

                                                                        G
I'm hiding in the trees with a picnic, she's over there, yeah.

           Dm7   **G**
Yeah, yeah, yeah,

           Dm7 | **A** | **A** | **D** | **D** ‖
Yeah, yeah, yeah.

Verse 2

Dm7
She didn't scream, she didn't make a sound.

"I forgive you boy, but don't leave town."

Cold black skin, naked in the rain,

Hammer flash in the lightning, they're hurting her again.
A | **A** | **D** |
Oh. ____

                              D
Chorus 1   Let me put you in the picture,

                              F
                Let me show you what I mean:

                              G
                The Messiah is my sister

                                   D
                Ain't no king, man, she's my queen.

                              D
                Let me put you in the picture,

                              F
                Let me show you what I mean:

                              G
                The Messiah is my sister

                                   D
                Ain't no king, man, she's my queen.

                                   C   **A**
                I had a dream, I've seen the light

                                   G   **F**
                Don't put it out, 'cause she's alright, yeah, she's my sister.

Link | **D** | **D** | **D** | **D**   ‖

Verse 3

      Dm⁷
She didn't scream, she didn't make a sound.

"I forgive you boy, but don't leave town."

Cold black skin, naked in the rain,

Hammer flash in the lightning, they're hurting her again.
G   **Dm⁷** | **Dm⁷** | **G** |
Oh, __ oh, oh, oh.
          Dm⁷ | **Dm⁷** | **A** | **A** | **D** | **D** | **D** | **D** | **D**
Yeah, yeah, yeah.

Chorus 2

      D
||: Let me put you in the picture,
      F
Let me show you what I mean:
      G
The Messiah is my sister
      D
Ain't no king, man, she's my queen. :|| *Play 8 times*
      C   **A**
I had a dream, I've seen the light
      G   **F**   **D**
Don't put it out, 'cause she's alright, yeah, she's my sister.

Message In The Box

Words & Music by Karl Wallinger

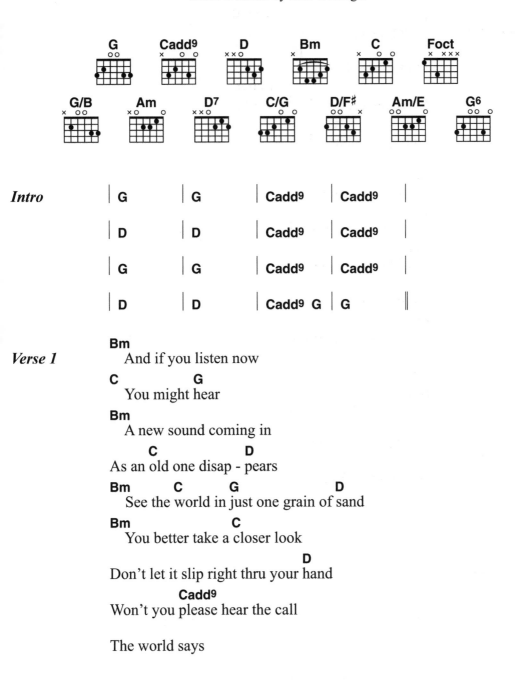

Intro

| G | G | Cadd9 | Cadd9 |

| D | D | Cadd9 | Cadd9 |

| G | G | Cadd9 | Cadd9 |

| D | D | Cadd9 G | G |

Verse 1

Bm
And if you listen now
C   **G**
You might hear
Bm
A new sound coming in
          C   **D**
As an old one disap - pears
Bm   **C**   **G**   **D**
See the world in just one grain of sand
Bm   **C**
You better take a closer look

                              D
Don't let it slip right thru your hand
          Cadd9
Won't you please hear the call

The world says

Chorus 2

   G   Cadd⁹
    Put the message in the box

         D
   Put the box into the car

           Cadd⁹
   Drive the car around the world

        G
   Until you get heard

Verse 2

   Bm
    Now is the moment

   C   G
    Please under - stand

   Bm
    The road is wide open

      C   D
   To the heart of every man

   Bm   C
    A few simple words

    G
   So a mule could understand

   Bm   C
    He don't want to - morrow

         D
   If it's just crumbling into sand

     Cadd⁹
   Won't please hear the call

   She says

Chorus 2   As Chorus 1

Instr | G | G | Cadd⁹ | Cadd⁹ |

     | D | D | Cadd⁹ G | G   ‖

          G (Foct)
   Until you get heard

   The World says

Bridge

C
   Give a little bit

G/B   **Am**   **D7**
   Give a little bit of your love to me

        C   **G/B**   **Am** **D7**
Cos I'm waiting right here with my open arms

        C/G
She says   give a little bit

D/F♯
   Give a little bit of your soul to me

        C/G   **Bm**   **Am**   **D**
Cos I'm waiting to be - hold your many charms

      C
Is that love in the air?

She says

Chorus 3   As Chorus 2

Outro | **G** | **G** | **Cadd9** | **Cadd9** |

             | **D** | **D** | **Cadd9** |

Cadd9   **G**
  Until you get heard

          Cadd9
Until you get heard

          G
Until you get heard

          Cadd9 **G6**
Until you get heard

My Favourite Game

Words by Nina Persson
Music by Peter Svensson

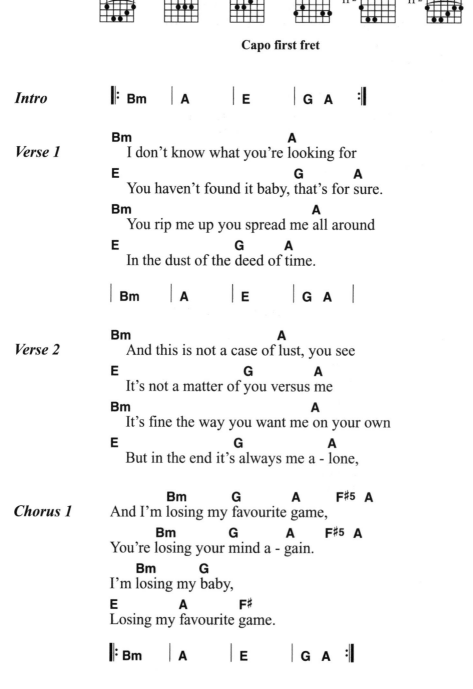

| Bm | A | E | G | F#5 | F# |

Capo first fret

Intro

‖: Bm | A | E | G A :‖

Verse 1

Bm   A
I don't know what you're looking for
E   G   A
You haven't found it baby, that's for sure.
Bm   A
You rip me up you spread me all around
E   G   A
In the dust of the deed of time.

| Bm | A | E | G A |

Verse 2

Bm   A
And this is not a case of lust, you see
E   G   A
It's not a matter of you versus me
Bm   A
It's fine the way you want me on your own
E   G   A
But in the end it's always me a - lone,

Chorus 1

          Bm   G   A   F#5 A
And I'm losing my favourite game,
          Bm   G   A   F#5 A
You're losing your mind a - gain.
          Bm   G
I'm losing my baby,
E   A   F#
Losing my favourite game.

‖: Bm | A | E | G A :‖

Verse 3

```
Bm                        A
  I only know what I've been working for
E                    G       A
  Another you so I could love you more,
Bm                        A
  I really thought that I could take you there,
E                    G          A
  But my experiment is not getting us anywhere.
```

| Bm | A | E | G A ‖

Verse 4

```
Bm                        A
  I had a vision I could turn you right
E                    G     A
  A stupid mission and a lethal fight
Bm                              A
  I should have seen it when my hope was new
E                    G      A
  My heart is black and my body is blue,
```

Chorus 2

```
      Bm        G       A     F♯5 A
  And I'm losing my favourite game,
        Bm      G       A    F♯5 A
  You're losing your mind a - gain.
      Bm      G      A    F♯5 A
  I'm losing my favourite game,
        Bm      G       A    F♯5 A
  You're losing your mind a - gain.
        Bm      G    E       A         F♯
  I'm losing my baby, losing my favourite game.
```

| Bm | A | E | G A ‖

```
      Bm
  I'm losing my favourite game,


  You're losing your mind again.


  I've tried but you're still the same,
             G
  I'm losing my baby
           E      A         F♯
  You're losing a saviour and a saint.
```

Outro

‖: Bm | A | E | G A :‖

| E | G A | E | G A |

My Heart Will Go On
(Love Theme From 'Titanic')

Words by Will Jennings
Music by James Horner

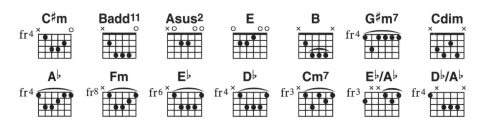

Intro   ‖: C#m | Badd11 | Asus2 | Badd11 :‖

Verse 1

E   Badd11
Every night in my dreams,

  Asus2   E B
I see you, I feel you,

E   Badd11   Asus2
That is how I know you go on.

E   Badd11
Far across the distance,

   Asus2   E   B
And spaces be - tween us,

E   Badd11   Asus2
You have come to show you go on.

Chorus 1

C#m Badd11 Asus2 Badd11
Near, far, wher - ever you are,

   C#m   Badd11   Asus2 B
I be - lieve that the heart does go on.——

C#m Badd11 Asus2 Badd11
Once more you open the door,

      C#m   G#m
And you're here in my heart

    Asus2   Badd11 C#m Badd11 Asus2 Badd11
And my heart will go on and on.

Verse 2

    E   **Badd¹¹**
Love can touch us one time

      Asus²   **Badd¹¹**
And last for a lifetime,

    E   **Badd¹¹**   **Asus²**
And never let go till we're gone.

    E   **Badd¹¹**
Love was when I loved you,

      Asus²   **B**   **Cdim**
One true time I hold to.

   C♯m   **G♯m**   **Asus²**
In my life, we'll always go on.—

Chorus 2   As Chorus 1

Link1 | **C♯m** | **Badd¹¹** | **Asus²** | **A♭**   ‖

Chorus 3

Fm **E♭**   **D♭**   **E♭**
You're here, there's nothing I fear

     Fm   **E♭**   **D♭**   **E♭**
And I know that my heart will go on,

Fm **E♭**   **D♭**   **E♭**
We'll stay for - ever this way

      Fm   **Cm⁷**
You are safe in my heart,

      D♭   **E♭**   **A♭** **E♭/A♭** **D♭/A♭** **E♭/A♭**
And my heart will go on and on.———

Outro | **A♭** | **E♭/A♭** | **D♭/A♭** | **E♭/A♭** | **A♭**   ‖

My Weakness Is None Of Your Business

Words & Music by Danny McNamara & Richard McNamara

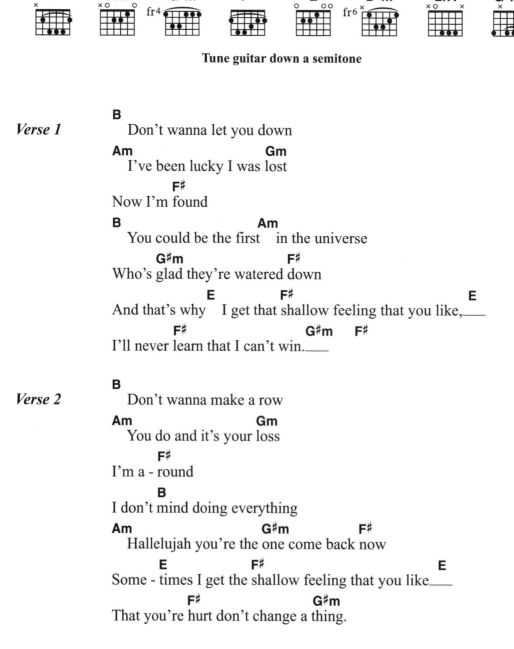

Tune guitar down a semitone

Verse 1

    B
Don't wanna let you down
Am   **Gm**
I've been lucky I was lost
         F♯
Now I'm found
    B   **Am**
You could be the first   in the universe
        G♯m   **F♯**
Who's glad they're watered down
             E   **F♯**   **E**
And that's why   I get that shallow feeling that you like,___
        F♯   **G♯m**   **F♯**
I'll never learn that I can't win.___

Verse 2

    B
Don't wanna make a row
Am   **Gm**
You do and it's your loss
        F♯
I'm a - round
         B
I don't mind doing everything
Am   **G♯m**   **F♯**
Hallelujah you're the one come back now
        E   **F♯**   **E**
Some - times I get the shallow feeling that you like___
        F♯   **G♯m**
That you're hurt don't change a thing.

Chorus 1

               E
Because my weakness

  G♯m   **F♯**
  Is none of your business

D♯m   **E**
  But bad will always collect

  G♯m   **F♯**
  To one big melting pot

            E
And all my weakness

  G♯m   **F♯**
  Is none of your business

D♯m   **E**
  Somehow it always collects

  G♯m   **F♯**   **B F♯**   **B**
  To one big melting pot, la la la la la la la,___

Outro

  B/A   **G♯m7**   **F♯**
  This could be our time,___

         B   **B/A**
This could be our time,___

        G♯m7   **F♯**
This could be our time.___

| **B** | **B** | **B** | **B** | ‖ |

Nancy Boy

Words & Music by Brian Molko, Stefan Olsdal & Robert Schultzberg

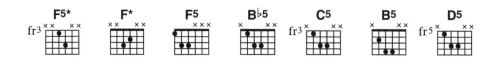

Intro
| F5* F* | F5* F* | F5* F* | F5* F* |
| F5 | F5 | F5 | F5 ‖

Verse 1

F5
Alcoholic kind of mood
B♭5
Lose my clothes, lose my lube

Cruising for a piece of fun
F5
Looking out for number one

Different partner every night
B♭5
So narcotic outta sight

What a gas, what a beautiful ass.

Chorus 1

F5
And it all breaks down at the role reversal,
C5
Got the muse in my head she's universal,
B5   B♭5
Spinnin' me round she's coming over me.___
F5
And it all breaks down at the first rehearsal,
C5
Got the muse in my head she's universal,
B5   B♭5
Spinnin' me round she's coming over me.___

Verse 2

F5
    Kind of buzz that lasts for days

B♭5
Had some help from insect ways

Comes across all shy and coy

F5
Just another nancy boy.

Woman man or modern monkey

B♭5
Just another happy junkie

Fifty pounds, press my button

Going down.

Chorus 2   As Chorus 1

Instr   ‖: D5 | D5 | D5 | D5 :‖

Verse 3

F5
    Does his makeup in his room

B♭5
Douse himself with cheap per - fume

Eyeholes in a paper bag

F5
Greatest lay I ever had

Kind of guy who mates for life

B♭5
Gotta help him find a wife

We're a couple, when our bodies double.

Chorus 3   As Chorus 1

Link | D5 | D5 ‖

Chorus 4   As Chorus 1 | F5 ‖

National Express

Words & Music by Neil Hannon

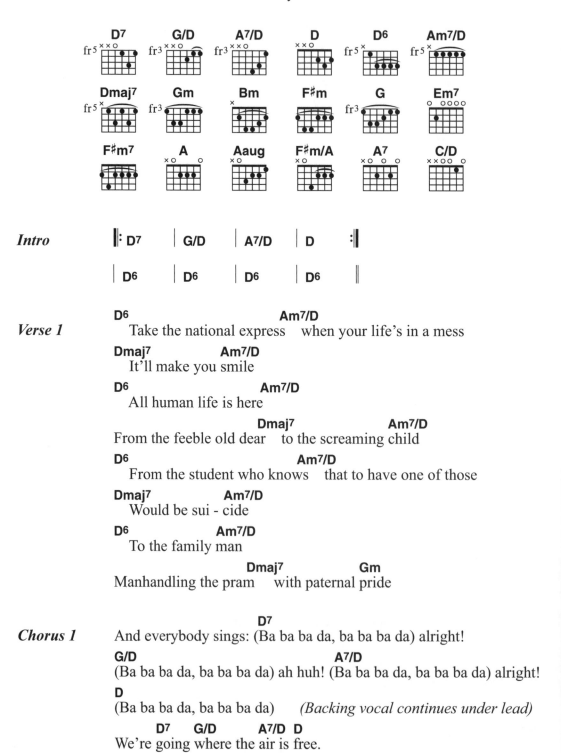

Intro

‖: D7 | G/D | A7/D | D :‖

| D6 | D6 | D6 | D6 ‖

Verse 1

D6   Am7/D
 Take the national express when your life's in a mess

Dmaj7   Am7/D
 It'll make you smile

D6   Am7/D
 All human life is here

        Dmaj7   Am7/D
From the feeble old dear to the screaming child

D6   Am7/D
 From the student who knows that to have one of those

Dmaj7   Am7/D
 Would be sui - cide

D6   Am7/D
 To the family man

        Dmaj7   Gm
Manhandling the pram with paternal pride

Chorus 1

        D7
And everybody sings: (Ba ba ba da, ba ba ba da) alright!

G/D   A7/D
(Ba ba ba da, ba ba ba da) ah huh! (Ba ba ba da, ba ba ba da) alright!

D
(Ba ba ba da, ba ba ba da) *(Backing vocal continues under lead)*

   D7 G/D A7/D D
We're going where the air is free.

Verse 2

D6   Am7/D   Dmaj7
On the national ex - press there's a jolly hos - tess

               Am7/D
Selling crisps and tea

D6   Am7/D
She'll provide you with drinks   and theatrical winks

Dmaj7   Am7/D
For a sky-high fee

D6   Am7/D
Mini-skirts were in style   when she danced down the aisle

Dmaj7   Am7/D
Back in '63   (yeah, yeah, yeah, yeah)

D6   Am7/D
But it's hard to get by   when your arse is the size

Dmaj7   Gm
Of a small coun - try

Chorus 2

                  D7
And everybody sings: (ba ba ba da, ba ba ba da) yeah!

G/D   A7/D
(Ba ba ba da, ba ba ba da) ah huh! (Ba ba ba da, ba ba ba da) alright!

D
(Ba ba ba da, ba ba ba da).

        D7   G/D   A7/D Bm F#m
We're going where the air is free_____ (To - mor -...)

    G   F#m   Em7 F#m7 G   A
To - morrow be - longs to me (... - row be - longs to me)

Bridge

A
When you're sad and feeling blue

Aaug
With nothing better to do

F#m/A
Don't just sit there feeling stressed

A7
Take a trip on the national express!

Instr

‖: D | D | C/D | C/D :‖ *Play 7 times*

Outro

    D
‖: National Express..

C/D
National Express...

D
National Express...

C/D
National Express.... :‖ *Play 16 times*

No Rain

Words & Music by Glen Graham, Shannon Hoon, Brad Smith,
Roger Stevens & Christopher Thron

Intro

| E | E | E | E ‖

‖: E* | D* | E* | D* :‖

Verse 1

E   D
All I can say is that my life is pretty plain,

A   G   E E⁷ E
I like watchin' the puddles gather rain,

                      D
And all I can do is just pour some tea for two,

    A
And speak my point of view.

   G   E   E⁷ E
But it's not sane,   it's not sane.

Chorus 1

  E*   D*   E*   D*
  I just want someone to say to me, oh - oh - oh - oh,

E*   D*   E*   D*
  I'll always be there when you wake,

E*   D*   E*   D*
   Ya know I'd like to keep my cheeks dry today,___

E*   D*   E*   D*
  So stay with me and I'll have it made.

Verse 2

      E   D
And I don't understand why I sleep all day,

    A   G   E E⁷ E
And I start to complain that there's no rain,

                   D
And all I can do is read a book to stay awake,

    A   G   E
And it rips my life away, but it's a great es - cape,

Escape... escape... escape...

Instr ‖: E* | D* | E* | D* :‖ *Play 4 times*

Verse 3
E   D
All I can say is that my life is pretty plain,

              A
Ya don't like my point of view,

G   E
Ya think I'm in - sane

It's not sane... it's not sane.

Chorus 2
E*   D*   E*   D*
   I just want some one to say to me,

E*   D*   E*   D*
   I'll always be there when you wake,

E*   D*   E*   D*
   Ya know I'd like to keep my cheeks dry today,___

E*   D*   E*   D*
   So stay with me and I'll have it made. (I'll have it made)

Outro
                    E*   D*
I'll have it made. (I'll have it made)

                            E*   D*
Whoa, and I'll have it made. (I'll have it made).

     E*   D*
‖:   (I'll have it made)

E*   D*
   (I'll have it made) :‖ *Play 3 times with lead vocal ad libs.*

        E
Oh... o - o - o - o - oh.

Novocaine For The Soul

Words & Music by Mark Everett & Mark Goldenberg

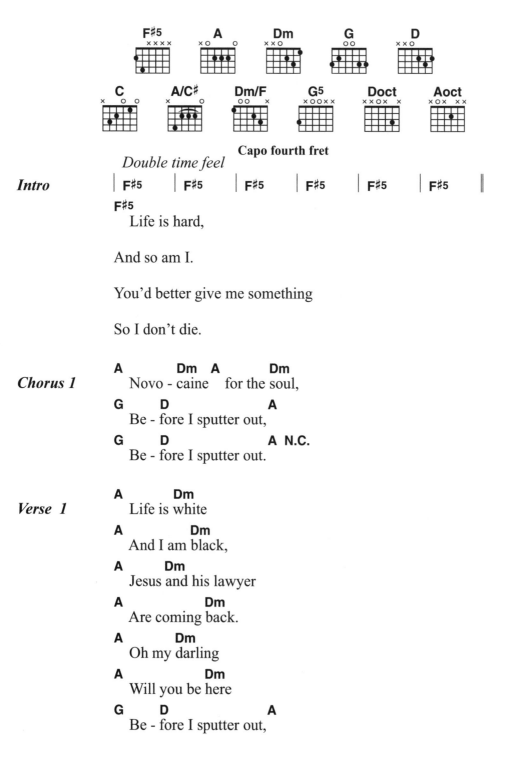

Capo fourth fret

Double time feel

Intro | F#5 | F#5 | F#5 | F#5 | F#5 | F#5 ||

F#5
    Life is hard,

And so am I.

You'd better give me something

So I don't die.

Chorus 1

A   Dm A   Dm
Novo - caine   for the soul,

G   D   A
Be - fore I sputter out,

G   D   A N.C.
Be - fore I sputter out.

Verse 1

A   Dm
Life is white

A   Dm
And I am black,

A   Dm
Jesus and his lawyer

A   Dm
Are coming back.

A   Dm
Oh my darling

A   Dm
Will you be here

G   D   A
Be - fore I sputter out,

cont

    G   D   A
Be - fore I sputter out,

    G   D   N.C.
Be - fore I sputter out.

Link

| C G | D A/C♯ ‖

Bridge

C   G
Guess whose living here

D   A/C♯
With the great un - dead

C   G
This paint - by - numbers life

    D   A/C♯
Is fucking with my head

      E | E   ‖
Once again

Instr

| A Dm | A Dm | A Dm | A Dm ‖

Verse 2

A   Dm
Life is good

A   Dm
And I feel great

A   Dm
'Cause mother says I was

A   Dm
A great mis - take

Chorus 2

A   Dm/F A   Dm
Novo - caine   for the soul

A   Dm/F
You'd better give me something

A   Dm
To fill the hole

G   D   A
Be - fore I sputter out,

G   D   A
Be - fore I sputter out,

G   D   A
Be - fore I sputter out,

G   D   A
Be - fore I sputter out.

Outro | G D | A | G D | A | Goct Doct | Aoct   ‖   109

Mrs. Robinson

Words & Music by Paul Simon

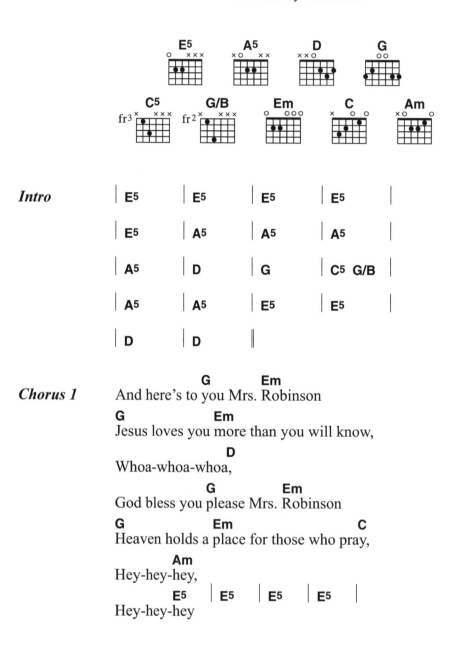

Intro

E5	E5	E5	E5
E5	A5	A5	A5
A5	D	G	C5 G/B
A5	A5	E5	E5
D	D

Chorus 1

            G   **Em**
And here's to you Mrs. Robinson

G   **Em**
Jesus loves you more than you will know,

           D
Whoa-whoa-whoa,

         G   **Em**
God bless you please Mrs. Robinson

G   **Em**   **C**
Heaven holds a place for those who pray,

      Am
Hey-hey-hey,

      E5 | E5 | E5 | E5 |
Hey-hey-hey

Verse 1

E5
We'd like to know a little bit about you for our files

     A5
We'd like to help you to learn to help yourself

D   **G**   **C**   **G/B** **A5**
Look around you all you see are sympa - thetic eyes

E5   **D**
Stroll around the grounds until you feel at home

Chorus 2   As Chorus 1

Verse 2

E5
Hide it in a hiding place where no one ever goes

A5
Put it in your pantry with your cupcakes

D   **G**   **C**   **G/B**   **A5**
It's a little secret just the Robin - son's af - fair

E5   **D**
Most of all you got to hide it from the kids

Chorus 3

          G   **Em**
Coo coo ca - choo Mrs. Robinson

G   **Em**   **C**
Jesus loves you more than you will know

          D
Whoa-whoa-whoa,

          G   **Em**
God bless you please Mrs. Robinson

G   **Em**   **C**
Heaven holds a place for those who pray,

     D
Hey-hey-hey,

       E5 | **E5** | **E5** | **E5** |
Hey-hey-hey

Verse 3

E5

Sitting on a sofa on a Sunday afternoon

A5

Going to the candidates debate

D   **G**   **C**   **G/B** **A5**

Laugh about it shout about it when you got to choose

E5   **D**

Every way you look at it you lose

Chorus 4

             G   **Em**

Where have you gone Joe Di - Maggio,

  G   **Em**   **C**

A nation turns it's lonely eyes to you,

           D

Woo-woo-woo,

             G   **Em**

What's that you say Mrs. Robinson

G   **Em**   **C**

Joltin' Joe has left and gone a - way,

        D

Hey-hey-hey,

       E5 | **E5** | **E5** | **E5** |

Hey-hey-hey

Outro   ‖: **E5** | **E5** | **E5** | **E5** :‖ *Repeat to fade*

One Of Us

Words & Music by Eric Bazilian

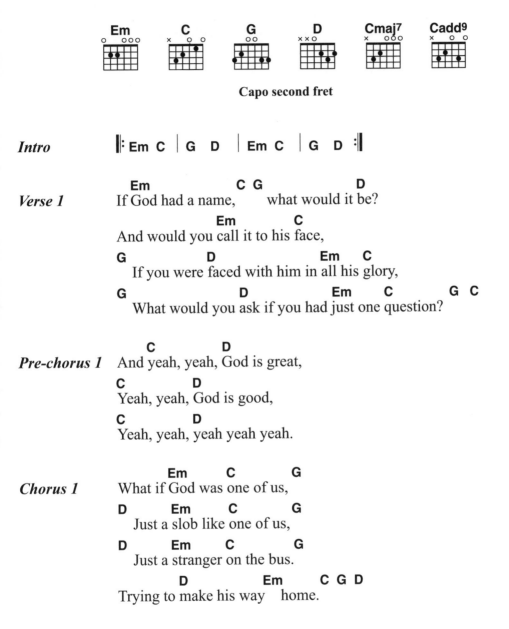

Em   **C**   **G**   **D**   **Cmaj⁷**   **Cadd⁹**

Capo second fret

Intro   ‖: Em C | G D | Em C | G D :‖

Verse 1

     Em   C G   D
If God had a name,   what would it be?

               Em   C
And would you call it to his face,

G   D   Em   C
If you were faced with him in all his glory,

G   D   Em   C   G C
What would you ask if you had just one question?

Pre-chorus 1

      C   D
And yeah, yeah, God is great,

C   D
Yeah, yeah, God is good,

C   D
Yeah, yeah, yeah yeah yeah.

Chorus 1

      Em   C   G
What if God was one of us,

D   Em   C   G
Just a slob like one of us,

D   Em   C   G
Just a stranger on the bus.

            D   Em   C G D
Trying to make his way   home.

```
                        Em            C  G                      D
Verse 2        If God had a face,     what would it look like?
                                Em            C
               And would you want to see,
               G            D                      Em              C
                  If seeing meant that you would have to believe
               G            D                      Em
                  In things like heaven and in Je - sus,
                             C        G        D
               And the saints and all the prophets?


                             C            D
Pre-chorus 2   And yeah, yeah, God is great,
               C            D
               Yeah, yeah God is good,
               C            D
               Yeah yeah, yeah yeah yeah.


                          Em        C            G
Chorus 2       What if God was one of us,
               D        Em        C        G
                  Just a slob like one of us,
               D        Em        C        G
               J   ust a stranger on the bus,
                             D            Em        C
               Trying to make his way    home,
               G                  D            Em        C
                  He's trying to make his way    home,
               G            D                Em  C
                  Back up to heaven all a - lone,
               G            D                Em  C
                  Nobody calling on the phone,
               G                  D                Cmaj7  D
                  Except for the Pope maybe in Rome.


Instr          | Cmaj7  | D            | Em  C | G  D | Em  C | G  D ||
```

114

C **D**	

Pre-chorus 3   And yeah, yeah, God is great,

                          C   **D**
                          Yeah, yeah, God is good,

                          C   **D**
                          Yeah, yeah yeah yeah yeah

                             Em   **C**   **G**

Chorus 3   What if God was one of us,

                D   **Em**   **C**   **G**
                 Just a slob like one of us,

                D   **Em**   **C**   **G**
                 Just a stranger on the bus,

                         D   **Em**   **C**
                Trying to make his way home,

                G   **D**   **Em**   **C**
                 Like a holy rolling   stone,

                G   **D**   **Em**   **C**
                 Back up to heaven all a - lone,

                G   **D**   **Cadd9**
                 Just trying to make his way   home,

                Nobody calling on the phone,

                Except for the Pope maybe in Rome.

The Only One I Know

Words & Music by Tim Burgess, Martin Blunt, Jonathan Brookes, Robert Collins & Jon Baker

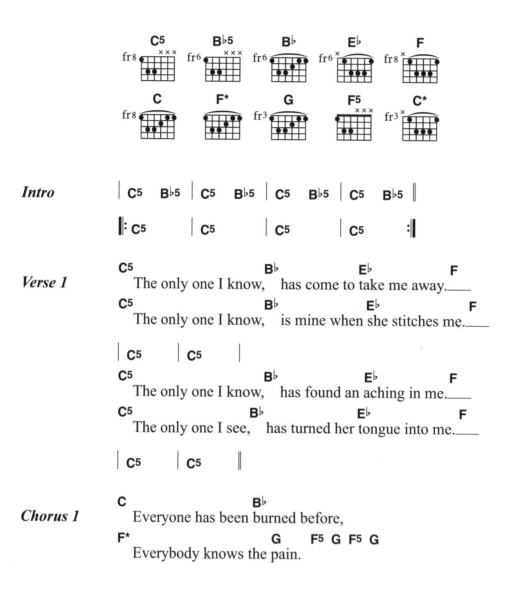

Intro | C5   B♭5 | C5   B♭5 | C5   B♭5 | C5   B♭5 ‖

‖: C5 | C5 | C5 | C5   :‖

Verse 1
C5   B♭   E♭   F
   The only one I know,   has come to take me away.___
C5   B♭   E♭   F
   The only one I know,   is mine when she stitches me.___

| C5 | C5 |

C5   B♭   E♭   F
   The only one I know,   has found an aching in me.___
C5   B♭   E♭   F
   The only one I see,   has turned her tongue into me.___

| C5 | C5   ‖

Chorus 1
C   B♭
   Everyone has been burned before,
F*   G   F5 G F5 G
   Everybody knows the pain.

Verse 2

C5   Bb   Eb   F
The only one I know, never cries, never opens her eyes.

C5   Bb   Eb   F
The only one I know, wide awake and then she's a - way.

| C5 | C5 | |

C5   Bb   Eb   F
The only one I see, is mine when she walks down our street___

C5   Bb   Eb   F
The only one I see, has carved her way in to me___

| C5 | C5 | ‖

Chorus 2

C   Bb
Everyone has burned before

F*   G
Everyone knows the pain

C   Bb
Everyone has burned before

F*   G
Everyone knows the pain.

Instr

| (C5) | (C5) | (C5) | (C5) | ‖

‖: C5 | C5 | Eb F | C5 :‖

Chorus 3   As Chorus 2

Outro | G F5 | G F5 | G F5 | C* | ‖

117

Peaches

Words & Music by Chris Ballew, David Dederer & Jason Finn

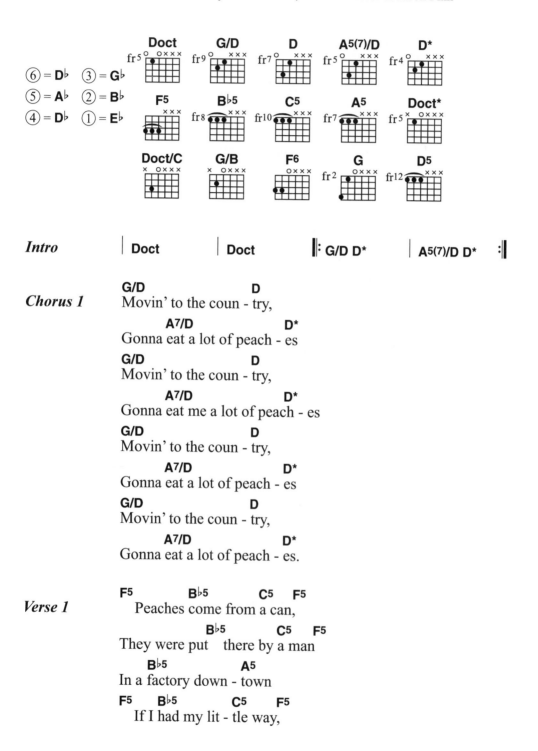

Intro | Doct | Doct   ‖: G/D D* | A5(7)/D D* :‖

Chorus 1

G/D   D
Movin' to the coun - try,

       A7/D   D*
Gonna eat a lot of peach - es

G/D   D
Movin' to the coun - try,

       A7/D   D*
Gonna eat me a lot of peach - es

G/D   D
Movin' to the coun - try,

       A7/D   D*
Gonna eat a lot of peach - es

G/D   D
Movin' to the coun - try,

       A7/D   D*
Gonna eat a lot of peach - es.

Verse 1

F5   B♭5   C5   F5
   Peaches come from a can,

         B♭5   C5   F5
They were put   there by a man

   B♭5   A5
In a factory down - town

F5   B♭5   C5   F5
  If I had my lit - tle way,

cont

        B♭5   **C5** **F5**
I'd eat peaches eve - ry day
        B♭5   **A5**
Sun - soakin' bulges in the   shade

Chorus 2

  G/D   **D**
Movin' to the coun - try,
        A7/D   **D***
Gonna eat a lot of peach - es
  G/D   **D**
Movin' to the coun - try,
        A7/D   **D***
Gonna eat me a lot of peach - es
  G/D   **D**
Movin' to the coun - try,
        A7/D   **D***
Gonna eat a lot of peach - es
  G/D   **D**
Movin' to the coun - try,
        A7/D   **D***
Gonna eat a lot of peach - es

Verse 2

F5   **B♭5**   **C5**   **F5**
  I took a little nap where the roots all   twist
        B♭5   **C5**   **F5**
Squished a rotten peach in my fist
      B♭5   **A5**
And dreamed about you,   woman,
F5   **B♭5**   **C5** **F5**
  I poked my finger down in - side
         B♭5   **C5**   **F5**
Make a little room for it to hide
        B♭5   **A5**
Nature's candy in my hand or can or a pie

Instr 1 | Doct* Doct/C | G/B   Doct/C | Doct* Doct/C | G/B   Doct/C ‖

‖: Doct   F6 | G   F6 | Doct   F6 | G   F6   :‖

Play 4 times

Doct   **F6**   **G**   **F6**
Bridge   Millions of peaches, peaches for me,
Doct   **F6**   **G**   **F6**
Millions of peaches, peaches for free.
Doct   **F6**   **G**   **F6**
Millions of peaches, peaches for me,
Doct   **F6**   **G**   **F6**
Millions of peaches, peaches for free.

Look out!

Instr 2   ‖: Doct   F6 | G   F6 | Doct   F6 | G   F6   :‖

Play 3 times

Doct   **F6**   **G**   **F6**
Outro   Millions of peaches, peaches for me,
Doct   **F6**   **G**   **F6**
Millions of peaches, peaches for free.
Doct   **F6**   **G**   **F6**
Millions of peaches, peaches for me,
Doct   **F6**   **G**   **F6**
Millions of peaches, peaches for free.
                    D5
Look out!

Praise You

Words & Music by Norman Cook & Camille Yarborough

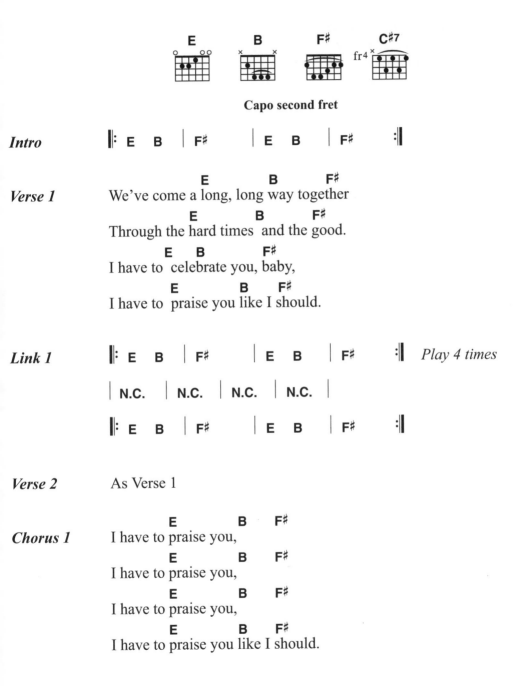

Capo second fret

Intro

‖: E B | F♯   E B | F♯ :‖

Verse 1

        E   B   F♯
We've come a long, long way together
        E   B   F♯
Through the hard times and the good.
      E   B   F♯
I have to celebrate you, baby,
      E   B F♯
I have to praise you like I should.

Link 1

‖: E B | F♯   E B | F♯ :‖ *Play 4 times*

| N.C. | N.C. | N.C. | N.C. |

‖: E B | F♯   E B | F♯ :‖

Verse 2

As Verse 1

Chorus 1

      E   B   F♯
I have to praise you,
      E   B   F♯
I have to praise you,
      E   B   F♯
I have to praise you,
      E   B   F♯
I have to praise you like I should.

Bridge 1

        C#7   **F# B** | **C#7**   **F#**   **B** | **C#7**   **F#**   **B** |
I have to praise you,

C#7 **F#**   **B** **C#7**   **F#** **B** | **C#7**   **F#**   **B** | **C#7**   **F#**   **B**
I have to praise you,

C#7 **F#**   **B** **C#7**   **F#**   **B**
I have to praise you,
                  (Na   na na na na na,

C#7   **F#**   **B**
Na na na na na na.

C#7   **F#**   **B**
Na na na na na na.

C#7   **F#**   **B**
Na na na na na na.

C#7   **F#**   **B**
Na na na na na na.

C#7   **F#**   **B**
Na na na na na na.

C#7   **F#**   **B**
Na na na na na na.

C#7   **F#**   **B E**   **B F#**
          I have to praise you.
Na na na   na.)

Link 2 | **E** **B** | **F#** | **E** **B** | **F#** | **E** **B** | **F#**   ‖

           | **N.C.** | **N.C.** | **N.C.** | **N.C.** |

Verse 3

             E   **B**   **F#**
We've come a long, long way together

             E   **B**   **F#**
Through the hard times and the good.

          E **B**   **F#**
I have to celebrate you, baby,

          N.C.
I have to praise you like I should.

           | **N.C.** | **N.C.** | **N.C.** | **N.C.** ‖

Chorus 2

                 E   **B**   **F♯**
I have to praise you,

                 E   **B**   **F♯**
I have to praise you,

                 E   **B**   **F♯**
I have to praise you,

                 E   **B**   **F♯**
I have to praise you,

                 E   **B**   **F♯**
I have to praise you,

                 E   **B**   **F♯**
I have to praise you,

                 E   **B**   **F♯**
I have to praise you,

                 E   **B**   **F♯**
I have to praise you like I should.

Bridge 2

            C♯7   **F♯** **B** │ **C♯7**   **F♯**   **B** │ **C♯7**   **F♯**   **B** │
I have to praise you,

C♯7 **F♯**   **B** **C♯7**   **F♯** **B** │ **C♯7**   **F♯**   **B** │ **C♯7**   **F♯**   **B**
   I have to praise you,

C♯7 **F♯**   **B** **C♯7**   **F♯**   **B**
   I have to praise you,
             (Na   na na na na na,

C♯7   **F♯**   **B**
Na na na na na na.

C♯7   **F♯**   **B**
Na na na na na na.

C♯7   **F♯**   **B**
Na na na na na na.

C♯7   **F♯**   **B**
Na na na na na na.

C♯7   **F♯**   **B**
Na na na na na na.

C♯7   **F♯**   **B**
Na na na na na na.

C♯7   **F♯**   **B** **N.C.**
        I have to praise you.
Na na na   na.)

Ray Of Light

Words & Music by Madonna Ciccone, William Orbit, Clive Maldoon,
Dave Curtiss & Christine Leach

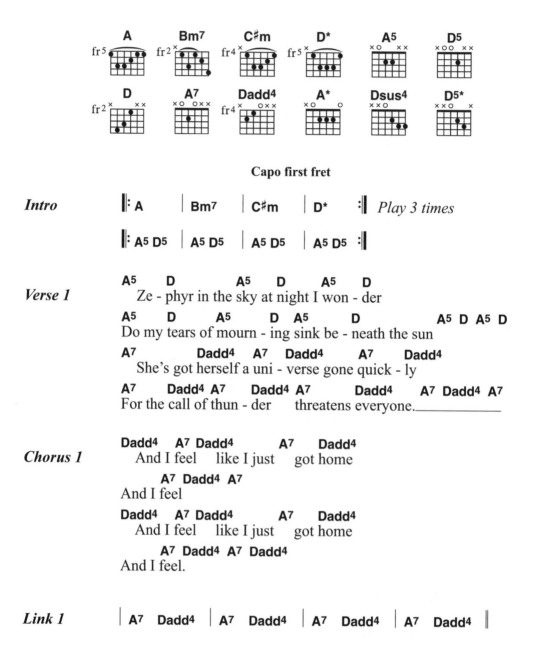

Capo first fret

Intro ‖: A | Bm7 | C#m | D* :‖ *Play 3 times*

‖: A5 D5 | A5 D5 | A5 D5 | A5 D5 :‖

Verse 1

A5   D   A5   D   A5   D
Ze - phyr in the sky at night I won - der

A5   D   A5   D A5   D   A5 D A5 D
Do my tears of mourn - ing sink be - neath the sun

A7   Dadd4 A7 Dadd4   A7   Dadd4
She's got herself a uni - verse gone quick - ly

A7   Dadd4 A7   Dadd4 A7   Dadd4   A7 Dadd4 A7
For the call of thun - der   threatens everyone._____

Chorus 1

Dadd4   A7 Dadd4   A7   Dadd4
And I feel   like I just   got home

           A7 Dadd4 A7
And I feel

Dadd4   A7 Dadd4   A7   Dadd4
And I feel   like I just   got home

           A7 Dadd4 A7 Dadd4
And I feel.

Link 1 | A7 Dadd4 | A7 Dadd4 | A7 Dadd4 | A7 Dadd4 ‖

Verse 2

| A5 | D5 | | A5 | D5 | | A5 | D5 |

Fast - er than the speeding light she's fly - ing

| A5 | D5 | A5 | D5 | A5 | | D5 | | A5 | D5 | A5 | D5 |

Trying to re - mem - ber where it all began

| A5 | | Dadd4 | A5 | Dadd4 | A5 | Dadd4 |

She's got herself a little piece of hea - ven

| A5 | | Dadd4 | A5 | Dadd4 | A5 | | Dadd4 | A5 | Dadd4 | A5 |

Waiting for the time when   earth shall be as   one.

Chorus 2   As Chorus 1

Link 2 | A7   Dadd4 | A7   Dadd4 | A7   Dadd4 | A7   Dadd4 ‖

Verse 3

| A7 | | Dadd4 | | A7 | Dadd4 |

Quick - er than a ray   of light

| A7 | | Dadd4 | | A7 | Dadd4 |

Quick - er than a ray   of light

| A7 | | Dadd4 | | A7 | Dadd4 | A7 | Dadd4 | A7 | Dadd4 |

Quick - er than a ray   of light._____

Instr 1 | A7   Dadd4 | A7   Dadd4 | A7   Dadd4 | A7   Dadd4 ‖

Verse 4

| A | | Bm7 | | C#m |

Zephyr in the sky at night I wonder

| D* | | A | Bm7 | | C#m | D* |

Do my tears of mourn-ing sink beneath the sun_____

| A | | Bm7 | | C#m |

She's got herself a uni-verse gone quick-ly

| D* | | A | Bm7 | | C#m | D* |

For the call of thunder threatens everyone_____

Instr 2 | A7   Dadd4 | A7   Dadd4 | A7   Dadd4 | A7   Dadd4 |

And I   feel

| A7   Dadd4 | A7   Dadd4 | A7   Dadd4 | A7   Dadd4 ‖

Verse 5

| A⁷ | Dadd4 | A⁷ | Dadd4 |

$$A^7 \quad Dadd4 \quad A^7 \quad Dadd4$$

Quick - er than a ray   of light

A⁷   Dadd4

Then gone for

A⁷   Dadd4   A⁷ Dadd4

Someone else will be there

A⁷   Dadd4 A⁷   Dadd4

Through the endless years._____

Link 3

‖: A⁷   Dadd4 │ A⁷   Dadd4 │ A⁷   Dadd4 :‖ *Play 3 times*

Verse 6

A⁷   Dadd4 A⁷   Dadd4

She's got herself a uni - verse

A⁷   Dadd4 A⁷   Dadd4

She's got herself a uni - verse

A⁷   Dadd4   Dadd4 A⁷ Dadd4 A⁷

She's got herself a uni - verse._____

Chorus 3

Dadd4   A⁷ Dadd4   A⁷

And I feel

Dadd4   A⁷ Dadd4   A⁷

And I feel

Dadd4   A⁷ Dadd4   A⁷   Dadd4

And I feel like I just   got home

A⁷ Dadd4   A⁷   Dadd4

And I feel.

Link 4

│ A⁷   Dadd4 │ A⁷   Dadd4 │ A⁷   Dadd4 │ A⁷   Dadd4 ‖

Outro

A*   D*   A*   D*   A* D* A* D5*

Quick - er than a ray of light, she's fly - ing,

A*   D*   A*   D*   A* D* A* D5*

Quick - er than a ray of light, I'm fly - ing!

‖: A⁷   Dadd4 │ A⁷   Dadd4 :‖ *Repeat to fade*

Road Rage

Words & Music by Cerys Matthews, Mark Roberts, Aled Richards, Paul Jones & Owen Powell

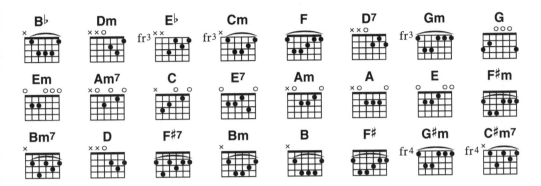

Tune down a semitone

Verse 1

        B♭   Dm
If all you've got to do today is find   peace of mind

    E♭   Cm   F
Come round, you can take a piece of mine.

        B♭   Dm
And if all you've got to do today is hesitate,

    E♭   Cm   F
Come here, you can leave it late with me.

Pre-chorus 1

 D7   Gm   D7
You could be taking it easy on yourself,

                    Gm   D7
You should be making it easy on yourself,

'Cause you and I know.

Chorus 1

   G   D7   Em
It's all over the front page, you give me road rage,

             Am7
Racing through the best days,

        G   D7
It's up to you, boy, you're driving me crazy,

          Em   Am7
Thinking you may be losing your mind.

Verse 2

      C   Em
If all you've got to prove today is your innocence,

         F   Dm   G
Calm down, you're as guilty as can be.

      C   Em
If all you've got to lose alludes to yesterday,

          F   Dm   G
Yesterday's through, now do anything you please.

Pre-chorus 2

  E7   Am   E7
You could be taking it easy on yourself,

                       Am   E7
You should be making it easy on yourself

'Cause you and I know,

Chorus 2

  A   E   F♯m
It's all over the front page, you give me road rage,

            Bm7
Racing through the best days,

       A   E
It's up to you, boy, you're driving me crazy,

       F♯m   Bm7
Thinking you may be losing your mind.

          E
You're losing your mind.

Bridge

  A   Bm7   E
You, you've been racing through the best days

  A   Bm7   E
You, you've been racing through the best days.

  A
Space age, road rage, fast lane.

Verse 3

         D   F♯m
And if all you've got to do today is find peace of mind

       G   Em   A
Come here, you can take a piece of mine.

Pre-chorus 3

  F♯7   Bm   F♯7
You could be taking it easy on yourself,

                     Bm   F♯7
You should be making it easy on yourself,

'Cause you and I know,

Chorus 3

    B   **F♯**   **G♯m**
It's all over the front page, you give me road rage,

        C♯m⁷
Racing through the best days,

    B   **F♯m**
It's up to you, boy, you're driving me crazy,

    G♯m   **C♯m⁷**
Thinking you may be losing your mind.

But you and I know,

Chorus 4

    B   **F♯**   **G♯m**
We all live in the space age, coming down with road rage,

        C♯m⁷
Racing through the best days

    B   **F♯**
It's up to you, boy, you're driving me crazy,

    G♯m   **C♯m⁷**
Thinking you may be losing your mind.

Coda

  B   **F♯**   **G♯m**   **C♯m⁷**
(It's not over, it's not over, it's not over)

  B   **F♯**   **G♯m**   **C♯m⁷**
(It's not over, it's not over, it's not over) you and I know

  B   **F♯**   **G♯m**
We all live in the space age, you give me road rage,

    C♯m⁷
Racing to the best days

    B   **F♯**
It's up to you boy, you're driving me crazy,

    G♯m   **C♯m⁷**
Thinking you may be losing your mind.

        B   **F♯**
‖: Losing your mind, you're losing your mind,

        G♯m   **C♯m⁷**
Losing your mind, you're losing your mind. :‖ *Repeat to fade*

7

Words & Music by Prince, Jimmy McCracklin & Lowell Fulsom

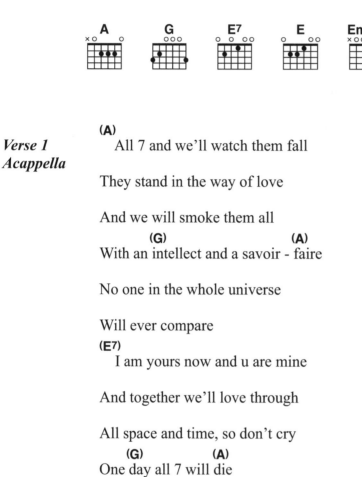

Verse 1
Acappella

(A)
   All 7 and we'll watch them fall

They stand in the way of love

And we will smoke them all

     (G)   **(A)**
With an intellect and a savoir - faire

No one in the whole universe

Will ever compare
(E7)
   I am yours now and u are mine

And together we'll love through

All space and time, so don't cry
    (G)   **(A)**
One day all 7 will die

Instr 1 | (A) (E) | (A) (E) | (A) (E) | (A) (E) ‖

Verse 2
bass & drums

(A)
All 7 and we'll watch them fall

They stand in the way of love

And we will smoke them all
       (G)   **(A)**
With an intellect and a savoir - faire

No one in the whole universe

Will ever compare
(E7)
   I am yours now and u are mine

And together we'll love through

All space and time, so don't cry
   (G)   **(A)**   **Em7**
One day all 7 will die

Link 1 | A Em7/A ‖

Verse 3
A   Em7/A   A   Em7/A
  And I saw an angel   come down unto me
A   Em7/A A   Em7/A
  In her hand she holds   the very key
G6
Words of compassion, words of peace
A   Em7/A A   Em7/A
  And in the distance   an army's marching feet
        E7
But be - hold, we will watch them fall

Link 2 | A Em7/A | A Em7/A ‖

Verse 4

```
    A              Em7/A       A                Em7/A
    And we lay down    on the sand of the sea
            A              Em7/A   A              Em7/A
    And be - fore us animosity     will stand and decree
        G6
    That we speak not of love only blasphemy
            A               Em7/A   A
    And in the distance, 6 others      will curse me
            E7
    But that's al - right, (that's alright)
                            A    Em7/A   A       Em7/A
    4 I will watch them fall(1, 2, 3,     4, 5, 6, 7)
```

Verse 5

```
    A          Em7/A           A              Em7/A
    All seven      and we'll watch them fall
        A                                       Em7/A
    They stand in the way of love
    Em7/A       A           Em7/A
    And we will smoke them all
            G6                        (A)
    With an intellect and a savoir - faire
        A                   Em7/A
    No one in the whole uni - verse
            A
    Will ever compare
    E7
       I am yours now and u are mine

    And together we'll love through

    All space and time, so don't cry
            G
    One day all 7 will die
```

Instr 2   ‖ A Em7/A ‖ A Em7/A ‖ A Em7/A ‖ A Em7/A ‖

132

Verse 6

| | A | Em7/A | A | Em7/A |
And   we will see a   plague and a river of blood

| | A | Em7/A | A | Em7/A |
And   every evil soul   will surely die in spite of

    G
Their 7 tears, but do not fear

        A   (A)
4 in the distance, 12 souls from now

                        E7
U and me will still be here - we will still be here

Link 3 | A Em7/A | A Em7/A ‖

Verse 7

| A   Em7/A   A   Em7/A |
    There will be a new city   with streets of gold

A   Em7/A   A   Em7/A
    The young so edu - cated they never grow old

        G
And a,   there will be no death 4 with every breath

        A   Em7/A   A
The voice of many colours   sings a song

N.C.   E7
    That's so bold

        N.C.   E7
Sing it while we watch them fall____

Verse 8   As Verse 2
bass & drums

Outro   ‖: A Em7/A | A Em7/A :‖   *Repeat to fade*

Semi-Charmed Life

Words & Music by Stephen Jenkins

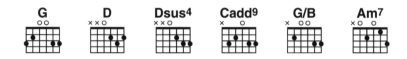

Intro ‖: G D Dsus4 | Cadd9 :‖

Hook 1

    G   **D**   **Dsus4**
(Do do do, do do do do,

Cadd9
Do do do, do do do do,

    G   **D**   **Dsus4**
Do do do, do do do do,

Cadd9
Do do do.)

Verse 1

                    G
I'm packed and I'm holding I'm smiling
     D   **(Dsus4)**   **Cadd9**
She living she gold - en and she lives for me

Says she lives for me
    G   **D**   **(Dsus4)**
O - vation her own motiva - tion
Cadd9   **G**
She comes round and she goes down on me
        D
And I make her smile
       (Dsus4) **Cadd9**
Like a drug for you

Do ever what you want to do
        G
Coming over you
     D   **(Dsus4)**
Keep on smiling what we go   through
Cadd9
One stop to the rhythm that divides you

cont

<pre>
          G   D   (Dsus4)   Cadd9
     And I speak to you   like the cho - rus to the verse
</pre>

<pre>
                                            G
     Chop another line like a coda with a curse
</pre>

<pre>
                    D   (Dsus4)   Cadd9
     Come on like a freak show takes   the stage
</pre>

     We give them the games we play

Chorus 1
<pre>
          G   D   Cadd9
     She said I want something else
</pre>

<pre>
                            G
     To get me through this
</pre>

<pre>
     D   Cadd9
     Semi-charmed kind of life,   baby, baby
</pre>

<pre>
     G   D   Cadd9
     I want something else
</pre>

<pre>
                               G
     I'm not listening when you   say
</pre>

<pre>
     D   Cadd9
       Good - bye
</pre>

Hook 2
<pre>
     G   D   Dsus4
     (Do do do, do do do do,
</pre>

<pre>
     Cadd9
     Do do do, do do do do,
</pre>

<pre>
     G   D   Dsus4
     Do do do, do do do do,
</pre>

<pre>
     Cadd9
     Do do do.)
</pre>

Verse 2
<pre>
                     G
     The sky was gold, it was rose
</pre>

<pre>
               D   Cadd9
     I was taking sips of it to my nose
</pre>

     And I wish I could get back there

<pre>
                G
     Some place back there
</pre>

<pre>
                   D
     Smiling in the pictures you would take
</pre>

<pre>
     Cadd9
     Doing crystal meth
</pre>

     Will lift you up until you break

<pre>
               G   D
     It won't stop, I won't come down, I keep stock
</pre>

cont

Cadd9
With a tick tock rhythm and a bump for the drop
G
And then I bumped up
D
I took the hit I was given
Cadd9
Then I bumped again

And then I bumped again she said

Bridge 1

D Cadd9
How do I get back there
D Cadd9
To the place where I fell a - sleep inside you
D Cadd9 D
How do I get my - self back to the place where you said...

Chorus 2

G D Cadd9
I want something else
G
To get me through this
D Cadd9
Semi-charmed kind of life, baby, baby
G D Cadd9
I want something else
G
I'm not listening when you say
D Cadd9
Good - bye.

Verse 3

G D Cadd9
I believe in the sand beneath my toes
G
The beach gives a feeling an earthy feeling
D Cadd9
I be - lieve in the faith that grows
G D
And the four right chords can make me cry
Cadd9 G
When I'm with you I feel like I could die
D Cadd9
And that would be all right, all right

Bridge 2

            D
When the plane came in

      Cadd9
She said she was crashing

D   **Cadd9**   **D**
  The velvet it rips in the city we tripped

           Cadd9   **G**
On the urge to feel alive but now I'm struggling to survive

      D   **Cadd9**
Those days you were wearing that   velvet dress

D   **Cadd9**
You're the priestess I must confess

      D   **Cadd9**
Those little red panties they   pass the test

      G **N.C.**
Slides up around the belly

Face down on the mattress

D Cadd9   **D**   **Cadd9**   **D**   **Cadd9**
One,   and you hold me   and we're broken

        G
Still it's all that I want to do just a little now.

Verse 4

G   **D**   **Cadd9**
Feel myself heavy as the ground

                       G D   **Cadd9**
I'm scared but I'm not coming down,   no, no.

             G   **D**
And I won't run for my   life

Cadd9   **G**
She's got her jaws now locked down in a smile

          D   **Cadd9**
But nothing is all right,   all right.

Chorus 3

```
G       D              Cadd9
   I want   something else
                G     D   Cadd9
To get me through this    life baby
G         D              Cadd9
   I want   something else
                    G            D
Not listening when you say
           Cadd9 G/B Am7
Good - bye
           Cadd9 G/B Am7
Good - bye
           Cadd9 G/B Am7
Good - bye
          G  D  Cadd9
Good - bye.
```

Link

```
| G     D   | Cadd9    ||
```

Hook 3

```
G          D        Dsus4
(Do do do, do do do do,
Cadd9
Do do do, do do do do,
G          D        Dsus4  Cadd9
Do do do, do do do do.)
```

Verse 5

```
                    G
The sky was gold it was rose
       D                    Cadd9
I was taking sips of it to my nose

And I wish I could get back there someplace
G             D              Cadd9
Back there in the place we used to style...
```

Hook 4

```
G          D        Dsus4
(Do do do, do do do do,
Cadd9
Do do do, do do do do,
G          D              Cadd9
Do do do,  do do do do,)
I      want something   else.
```

Outro

```
| Cadd9 G/B Am7 | (Am7)              ||
```

138

Seven Days

Words & Music by Sting

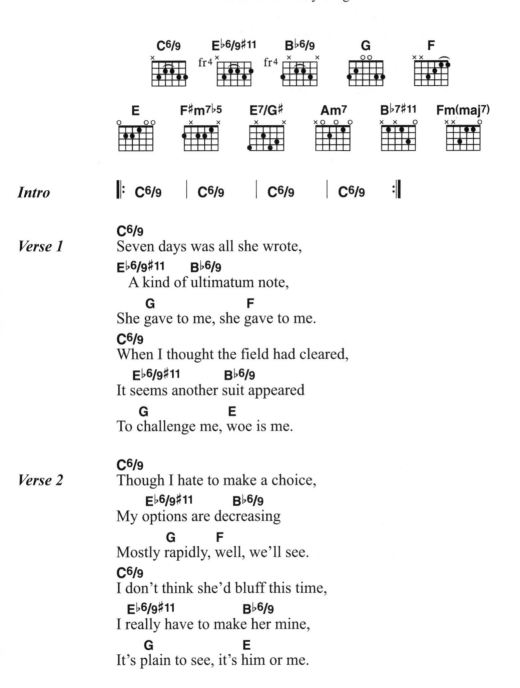

Intro

$\lVert$: C6/9 | C6/9 | C6/9 | C6/9 :$\rVert$

Verse 1

C6/9
Seven days was all she wrote,
Eb6/9#11   Bb6/9
    A kind of ultimatum note,
        G   F
She gave to me, she gave to me.
C6/9
When I thought the field had cleared,
    Eb6/9#11   Bb6/9
It seems another suit appeared
        G   E
To challenge me, woe is me.

Verse 2

C6/9
Though I hate to make a choice,
    Eb6/9#11   Bb6/9
My options are decreasing
        G   F
Mostly rapidly, well, we'll see.
C6/9
I don't think she'd bluff this time,
    Eb6/9#11   Bb6/9
I really have to make her mine,
        G   E
It's plain to see, it's him or me.

Chorus 1

F   F#m7♭5   G
Monday, I could wait till Tuesday

  E7/G#   Am7
If I make up my mind,

F   .   G
Wednesday would be fine,

E7/G#   Am7
Thursday's on my mind,

B♭7#11   Am7
Friday'd give me time,

B♭7#11   Am7
Saturday could wait

  Fm(maj7)   C6/9
But Sunday'd be to late.

Verse 3

C6/9
The fact he's over six feet ten

    E♭6/9#11   B♭6/9
Might instill fear in other men

  G   F
But not in me, the mighty flea.

C6/9
Ask if I am mouse or man,

  E♭6/9#11   B♭6/9
The mirror squeaked, away I ran.

  G   E
He'll murder me, in time for his tea.

Verse 4

C6/9
Does it bother me at all,

  E♭6/9#11 B♭6/9
My rival is neanderthal,

G   F
It makes me think, perhaps I need a drink.

C6/9
I.Q. is no problem here,

  E♭6/9#11   B♭6/9
We won't be playing Scrabble

   G   E
For her hand I fear, I need that beer.

Chorus 2   As Chorus 1

Bridge

B♭6/9♯11   C6/9
    Seven days will quickly go,
B♭6/9♯11   C6/9
    The fact remains I love her so.
B♭6/9♯11   F
    Seven days,   so many ways,
B♭6/9♯11   C6/9
    But I can't run away,
B♭6/9♯11   C6/9
    I can't run away.

Chorus 3

F   F♯m7♭5   G
Monday, I could wait till Tuesday
  E7/G♯   Am7
If I make up my mind.
F   G
Wednesday would be fine,
E7/G♯   Am7
Thursday's on my mind.
B♭7♯11   Am7
Friday'd give me time,
B♭7♯11   Am7
Saturday could wait,
B♭9♯11 | C6/9 | C6/9 | B♭7♯11 | B♭7♯11 |
Sunday'd be too late,
| C6/9 | C6/9 | B♭7♯11
        Sunday'd be too late.

Outro

    C6/9
Do I have to tell a story
    B♭7♯11
Of a thousand rainy days since we first met.

| C6/9 | C6/9 | B♭7♯11 | B♭7♯11 |
    C6/9
It's a big enough umbrella
      B♭7♯11
But it's always me that ends up getting
| C6/9 | C6/9 | B♭7♯11 | B♭7♯11 | C6/9 ‖
Wet,   yeah,   yeah, ——   oh!

She's A Star

Words & Music by Tim Booth, Larry Gott & Jim Glennie

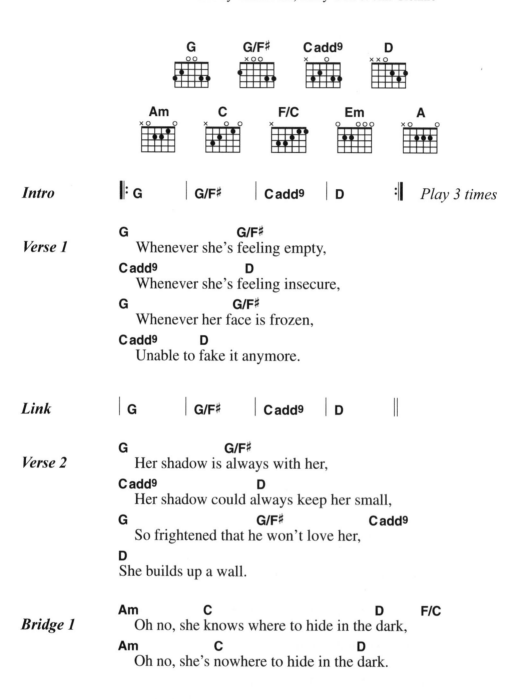

Intro   ‖: G | G/F♯ | Cadd⁹ | D :‖   *Play 3 times*

Verse 1
G   G/F♯
Whenever she's feeling empty,
Cadd⁹   D
Whenever she's feeling insecure,
G   G/F♯
Whenever her face is frozen,
Cadd⁹   D
Unable to fake it anymore.

Link | G | G/F♯ | Cadd⁹ | D   ‖

Verse 2
G   G/F♯
Her shadow is always with her,
Cadd⁹   D
Her shadow could always keep her small,
G   G/F♯   Cadd⁹
So frightened that he won't love her,
D
She builds up a wall.

Bridge 1
Am   C   D   F/C
Oh no, she knows where to hide in the dark,
Am   C   D
Oh no, she's nowhere to hide in the dark.

Chorus 1

           G | **G/F♯** | **Cadd⁹** | **D** |

She's a star,

           G | **G/F♯** | **Cadd⁹** | **D**   ‖

She's a star.

Verse 3

G   **G/F♯**

She's been in disguise forever,

Cadd⁹   **D**

She's tried to disguise her stellar views,

G   **G/F♯**   **Cadd⁹**

Much brighter than all this static,

D

Now she's coming through.

Bridge 2   As Bridge 1

Chorus 2   As Chorus 1

Middle

Em   **A**

Don't tell her to turn down,

C   **D**

Put on your shades if you can't see.

Em   **A**

Don't tell her to turn down,

C   **D**

Turn up the flame.

Chorus 3   As Chorus 1

Outro

G

It's a long road,

G/F♯   **Cadd⁹** **D**

It's a great cause.

G

It's a long road,

G/F♯

It's a good call.

Cadd⁹   **D**

You got it, you got it,

       G

She's a star.

Slow Emotion Replay

Words & Music by Matt Johnson

Em7   A   Bm7   G   F#m7   A7

Capo third fret

Intro

‖: Em7 | A | Bm7 | G | |

| Em7 | A | Bm7 | G :‖

Verse 1

Em7   A
The more I see

Em7   A
The less I know

F#m7   Bm7
About all the things I thought were wrong or right

And carved in stone

Pre-chorus 1

G
So, don't ask me about

Em7
War, religion, or God

A7
Love, sex, or death

Because....

Chorus 1

Em7   A   Bm7   A
Everybody knows what's going   wrong with the world

Em7   A   Bm   G
But I don't even know what's going on in my - self.

Em7   A   Bm7   A
Everybody knows what's going   wrong with the world

Em7   A   Bm   G
But I don't even know what's going on in my - self.

Link

‖: Em7 | A | Bm7 | G :‖ *Play 4 times*

Verse 2

      Em⁷   **A**   **Em⁷**
You've gotta work out your own salvation____

       A   **F♯m⁷**
With no explanation to this earth we fall

      Bm
On hands and knees we crawl

Pre-chorus 2

        G
And we look up to the stars

Em⁷
And we reach out and pray

   A⁷
To a deaf, dumb and blind God who never explains.

Chorus 2

Em⁷   **A**   **Bm**   **A**
Everybody knows what's going   wrong with the world

    Em⁷   **A**   **Bm**   **G**
But I don't even know what's going on in my - self.

Em⁷   **A**   **Bm**   **A**
Everybody knows what's going   wrong with the world

    Em⁷   **A**   **Bm**   **G**
But I don't even know what's going on in my - self.

Em⁷   **A**   **Bm**   **A**
Everybody knows what's going   wrong with the world

    Em⁷   **A**   **Bm**   **G**
But I don't even know what's going on in my - self.

Bridge

Em⁷   **A**
Lord, I've been here for so long

Bm   **G**
   I can feel it coming   down on me,

        Em⁷   **A**   **Bm** **G**
I'm just a slow emotion replay of some - body I used to be.

Em⁷   **A**
Lord, I've been here for so long

Bm   **G**
   I can feel it coming   down on me,

        Em⁷   **A**   **Bm** **G**
I'm just a slow emotion replay of some - body I used to be.

Outro

Em⁷	**A**	**Bm**	**A**	
Em⁷	**A**	**Bm**	**G**	
Em⁷	**A**	**Bm**	**Bm**	‖

The Size Of A Cow

Words & Music by Malcolm Treece, Martin Gilks, Robert Jones, Miles Hunt & Martin Bell

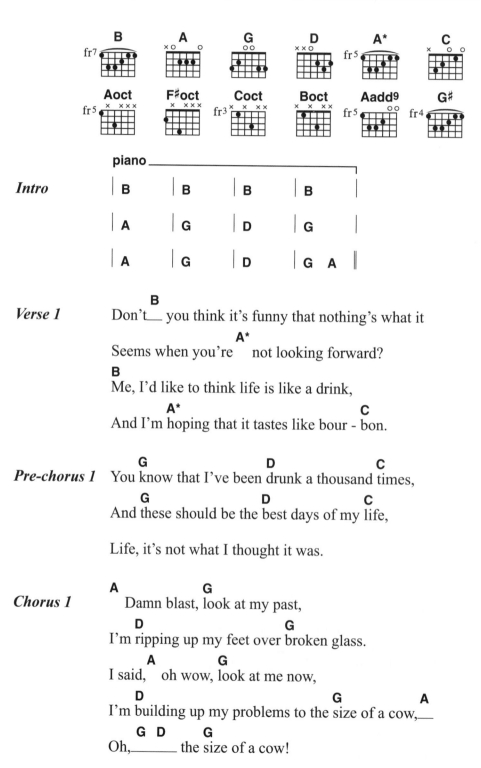

Intro

piano			
B	B	B	B
A	G	D	G
A	G	D	G A

Verse 1

          B
Don't__ you think it's funny that nothing's what it
                 A*
Seems when you're   not looking forward?
B
Me, I'd like to think life is like a drink,
          A*   **C**
And I'm hoping that it tastes like bour - bon.

Pre-chorus 1

   G   **D**   **C**
You know that I've been drunk a thousand times,
   G   **D**   **C**
And these should be the best days of my life,

Life, it's not what I thought it was.

Chorus 1

   A   **G**
   Damn blast, look at my past,
   D   **G**
I'm ripping up my feet over broken glass.
    A   **G**
I said,   oh wow, look at me now,
   D   **G**   **A**
I'm building up my problems to the size of a cow,__
   G D   **G**
Oh,_____ the size of a cow!

Link | B | B | Aadd⁹ | Aadd⁹ ‖

Verse 2

B
You know it would be strange to life life in a cage,

A*
And only believe the things you see

That are written on the page,

B
How easy would it be home in time for tea,

      A*   **Aoct**   **Foct** **Coct** **Boct**
And stop feeling like a sailboat rocking on the sea.

Pre-chorus 2

  G   **D**   **C**
You know that it's been sunk a thousand times,

  G   **D**   **C**
And these should be the best days of my life,

Life, it's not what I thought it was!

Chorus 2

 A   **G**
   Damn blast, look at my past,

 D   **G**
I'm ripping up my feet over broken glass.

    A   **G**
I said,   oh wow, look at me now,

 D   **G**   **A**
I'm building up my problems to the size of a cow,—

   G D   **G**   **A**
Oh,———— the size of a cow,—

   G D   **G**   **A**
Oh,———— the size of a cow!—

Instr | B | B | Aadd⁹ | Aadd⁹ |

      | B | B | Aadd⁹ | Aadd⁹ ‖

<pre>
                    G   D   C
Pre-chorus 3   You know that I've been drunk a thousand times,
                    G   D   C
               And these should be the best days of my life,

               Life, it's not what I thought it was!

                G   G
Chorus 3   Damn blast, look at my past,
                    D   G
                I'm ripping up my feet over broken glass.
                A   G
                  Oh wow, look at me now,
                    D   G   A
                I'm building up my problems to the size of a cow,___
                A   G
                  Damn blast, look at my past,
                    D   G
                I'm ripping up my feet over broken glass.
                        N.C. A   G
                I said,   oh wow, look at me now,
                    D   G   A
                I'm building up my problems to the size of a cow,___
                    G D   G   A
                Oh,_____ the size of a cow,___
                        G   D | G   G♯ | A*   ‖
                Oh!_____
</pre>

Stupid Girl

Words & Music by Shirley Manson, Butch Vig, Duke Erikson & Steve Marker

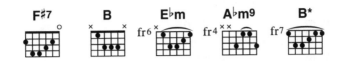

| | F#7 | B | E♭m | A♭m9 | B* |

Intro

| N.C. | N.C. | N.C. | N.C. |

| F#7 | B | F#7 | B |

| F#7 | B | F#7 | B |

Verse 1

F#7   B
You pretend you're high,

F#7   B
You pretend you're bored,

F#7   B
You pretend you're anything

F#7   B
Just to be a - dored.

                 F#7
And what you need,

B   F#7 B*
Is what you get.

Pre-chorus 1

E♭m   A♭m9
Don't believe in fear,

E♭m   A♭m9
Don't believe in faith,

E♭m   A♭m9
Don't believe in anything

E♭m   B
That you can't break.

Chorus 1

F♯7   B
You stupid girl,

F♯7   B
You stupid girl,

F♯7   B
All you had you wasted,

F♯7   B
All you had you wasted.

Instrumental 1 | F♯7 | B | F♯7 | B |

                     | F♯7 | B | F♯7 | B   ‖

Verse 2

F♯7   B
What drives you on

F♯7   B
Can drive you mad,

 F♯7   B
A million lies to sell yourself

F♯7   B
Is all you ever had.

Pre-chorus 2

E♭m   A♭m9
Don't believe in love,

E♭m   A♭m9
Don't believe in hate,

E♭m   A♭m9
Don't believe in anything

E♭m   B*
That you can't waste.

150

	F#7 B
Chorus 2	You stupid girl,
	F#7 B
	You stupid girl,
	F#7 B
	Can't believe you fake it
	F#7 B
	Can't believe you fake it.

Instrumental 2 As Instrumental 1

Guitar solo   As Instrumental 1

	E♭m A♭m9
Pre-chorus 3	Don't believe in fear,
	E♭m A♭m9
	Don't believe in pain
	E♭m A♭m9
	Don't believe in anyone
	E♭m B*
	That you can't tame.

Chorus 3   As Chorus 1

Chorus 4   As Chorus 2

Chorus 5   As Chorus 2

Outro | F#7 | B | F#7 | B |

| F#7 | B | F#7 | B   ‖   F#7

You stupid girl.

Supersonic

Words & Music by Noel Gallagher

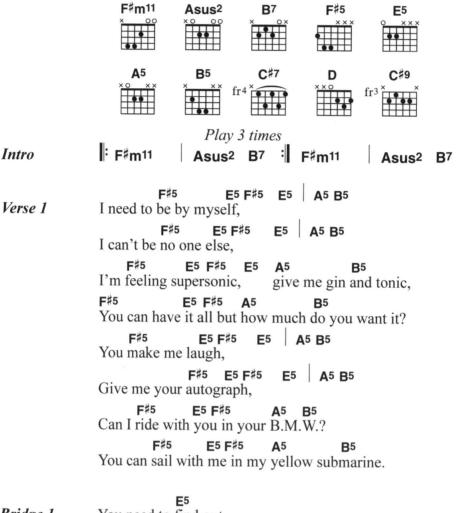

Play 3 times

Intro   ‖: F♯m11 | Asus2 B7 :‖ F♯m11 | Asus2 B7

Verse 1

       F♯5   E5 F♯5 E5 | A5 B5
I need to be by myself,

       F♯5   E5 F♯5 E5 | A5 B5
I can't be no one else,

       F♯5   E5 F♯5 E5 A5   B5
I'm feeling supersonic,   give me gin and tonic,

F♯5   E5 F♯5 A5   B5
You can have it all but how much do you want it?

      F♯5   E5 F♯5 E5 | A5 B5
You make me laugh,

          F♯5 E5 F♯5   E5 | A5 B5
Give me your autograph,

      F♯5   E5 F♯5   A5 B5
Can I ride with you in your B.M.W.?

       F♯5   E5 F♯5   A5   B5
You can sail with me in my yellow submarine.

Bridge 1

         E5
You need to find out,

                      F♯5
'Cause no one's gonna tell you what I'm on about.

       E5
You need to find a way,

                C♯7
For what you want to say, but before tomorrow.

Chorus 1

        D   **A5**   **E5**   **F#5**
'Cause my friend said he'd take you home,

       D   **A5**   **E5** **F#5**
He sits in a corner all alone.

D   **A5**   **E5**   **F#5**
He lives under a waterfall,

D   **A5**
Nobody can see him,

E5   **F#5**   **D**   **A5**
Nobody can ever hear him call,

E5   **F#5**   **D**   **A5**
Nobody can ever hear him call.

Guitar solo

| **E5** **F#5** | **D** **A5** | **E5** **F#5** | **D** **A5** |

| **E5** **F#5** | **E5** | **E5** | **C#9** | **C#9** |

Verse 2

          F#5   **E5** **F#5**   **E5** | **A5 B5**
You need to be yourself,

          F#5   **E5** **F#5**   **E5** | **A5 B5**
You can't be no one else.

   F#5   **E5**   **F#5** **E5**   **A5**   **B5**
I know a girl called Elsa, she's into Alka Seltzer,

    F#5   **E5** **F#5**   **A5**   **B5**
She sniffs it through a cane on a supersonic train.

     F#5   **E5** **F#5** **E5** | **A5 B5**
And she makes me laugh,

       F#5 **E5** **F#5**   **E5** | **A5 B5**
I got her autograph.

      F#5   **E5** **F#5**   **E5 A5**   **B5**
She's done it with a doctor   on a helicopter,

      F#5   **E5** **F#5**   **E5 A5**   **B5**
She's sniffin' in her tissue, sellin' the big issue.

Bridge 2

          E5
When she finds out,

                              F#5
'Cause no ones's gonna tell her what I'm on about.

          E5
You need to find a way

                   C#7
For what you want to say, but before tomorrow.

Chorus 2

       D   **A5**   **E5**   **F♯5**
'Cause my friend said he'd take you home,

       D   **A5**   **E5** **F♯5**
He sits in a corner all alone.

D   **A5**   **E5** **F♯5**
He lives under a waterfall,

D   **A5**
Nobody can see him,

E5   **F♯5**   **D**   **A5**
Nobody can ever hear him call,

E5   **F♯5**   **D**   **A5**
Nobody can ever hear him call.

Guitar solo   ‖: **E5** **F♯5** | **D**   **A5** :‖   *Repeat to fade*

The More You Ignore Me, The Closer I Get

Words & Music by Morrissey & Boz Boorer

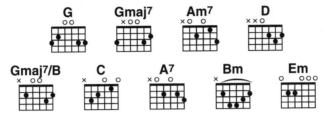

Tune guitar down a semitone

Intro | G   Gmaj7 | Am7   D | G   Gmaj7 | Am7   D ‖

Chorus 1

G   **Gmaj7/B**   **C**
The more you ig - nore me

D   **G**
The closer I get

     Gmaj7/B   **C   D**
You're wasting your time

G   **Gmaj7/B**   **C**
The more you ig - nore me

   D   **G**
The closer I get

    Bm   **C   D**
You're wasting your time

Verse 1

    A7
I will be

    D
In the bar

     A7
With my head

     D
On the bar

   A7
I am now

    Bm
A central part

    Em
Of your mind's landscape

A⁷
Whether you care

D
Or do   not

D⁷
Yeah, I've made up your mind

Chorus 2

G   Gmaj⁷/B   C
　The more you ig - nore me

　　D
The closer I get

G   Gmaj⁷/B   C   D
　You're wasting your time

G   Gmaj⁷/B   C   D
　The more you ig - nore me

　　　　　G
The closer I get

　　Gmaj⁷/B   C   D
You're wasting your time

Verse 2

　　A⁷
Be - ware!

　　　　D
I bear more   grudges

　　A⁷   D
Than lonely high court jud - ges

　　A⁷
When you sleep

I will creep

　Bm
Into your thoughts

　　Em
Like a bad debt

That you can't pay

A⁷
　Take the easy way

　　　D
And give in

Chorus 3

D7   **G Gmaj7/B**
Yeah,   and let me in

C D   **G Gmaj7/B**
Oh,   let me in

C D   **G Gmaj7/B C D**
Oh let me... oh_____

           G Gmaj7/B
Let me in___

C
  It's war

D
  It's war

A7
  It's war

It's war

D
  It's war

War

War

A7
War

War.

Instr | D | A7 | Bm | Em | A7 | D   ‖

Chorus 4

D7   **G Gmaj7/B**
Oh, let me in,

Am7   D   **G Gmaj7/B**
Ah, the closer I get

Am7   **D**   **G Gmaj7/B**
Ah, you're asking for it

Am7   D   **G Gmaj7/B**
Ah, the closer I get

Am7   **D**
Ooh, the closer I...

Outro   ‖: G Gmaj7/B | Am7 D :‖ *Play 7 times*

    | G   ‖

157

There's No Other Way

Words & Music by Damon Albarn, Graham Coxon, Alex James & David Rowntree

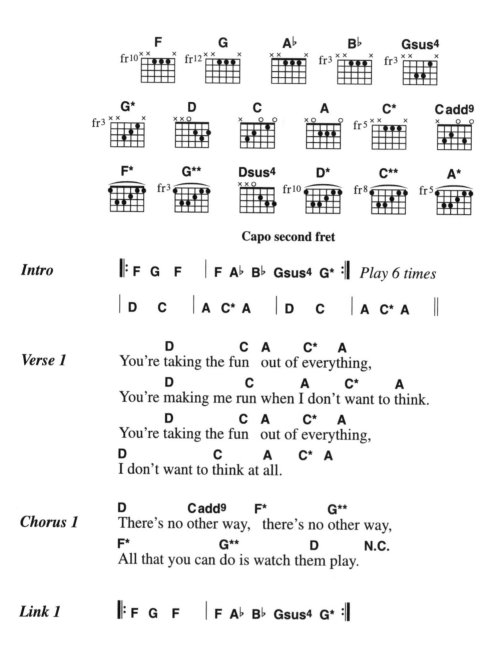

Capo second fret

Intro ‖: F G F │ F A♭ B♭ Gsus4 G* :‖ *Play 6 times*

│ D C │ A C* A │ D C │ A C* A ‖

Verse 1

     D   C A C* A
You're taking the fun out of everything,
     D   C A C* A
You're making me run when I don't want to think.
     D   C A C* A
You're taking the fun out of everything,
D   C   A C* A
I don't want to think at all.

Chorus 1

 D   Cadd9 F*   G**
There's no other way, there's no other way,
F*   G**   D N.C.
All that you can do is watch them play.

Link 1 ‖: F G F │ F A♭ B♭ Gsus4 G* :‖

Verse 2

          D   **C** **A**   **C*** **A**
You're taking the fun   out of everything,

          D   **C**   **A**   **C***   **A**
You're making it clear when I don't want to think.

          D   **C**   **A**   **C***   **A**   **D**
You're taking me up when I don't want to go up anymore,

      C   **A**   **C*** **A**
I'm just watching it all.

Chorus 2

      D   **Cadd9**   **F***   **G****
There's no other way,   there's no other way,

      F*   **G****   **D**   **Dsus4** **D**
All that you can do is watch them play.

      D   **Cadd9**   **F***   **G****
There's no other way,   there's no other way,

      F*   **G****   **D**   **N.C.**
All that you can do is watch them play.

Link 2   ‖: **F G F** | **F A♭ B♭ Gsus4 G*** :‖

Bridge | **F G F** | **F A♭**   **B♭ Gsus4 G*** |
            I'll _____ watch you play.

           | **F G F** | **F A♭**   **B♭ Gsus4 G*** ‖
            I'll _____ watch you play.

Solo   ‖: **D C** | **A C* A** | **D C** | **A C* A** :‖

Chorus 3

         D   **Cadd9**   **F***   **G****
‖: There's no other way,   there's no other way,

      F*   **G****   **D**   **Dsus4** **D**
All that you can do is watch them play.   :‖ *Play 3 times*

      D   **Cadd9**   **F***   **G****
There's no other way,   there's no other way,

      F*   **G****   **D**   **N.C.**
All that you can do is watch them play.

Outro   ‖: **D* C**** | **A* C**** | **D* C**** | **A* C**** :‖ **D***   ‖

Twisterella

Words & Music by Andy Bell, Mark Gardener, Laurence Colbert & Stephen Queralt

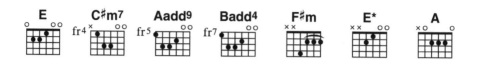

Intro   ‖: E | C#m7 | Aadd9 | Badd4 :‖

Verse 1

    E   C#m7   Aadd9
Any minute you will feel
Badd4   **E**
The chemist - ry,
    C#m7   **Aadd9**
Vi - brations in the brain
       Badd4 (E)
Can't ever be explained.

Link 1   ‖: E | C#m7 | Aadd9 | Badd4 :‖
(explained.)

Verse 2

    E   C#m7   Aadd9
Slip away and out of sigh
       Badd4   **E**
Feel the magnet of a night
    C#m7   **Aadd9**
The circus lights you see
    Badd4   **(E)**
Is where you have to be

Link 2   ‖: E | C#m7 | Aadd9 | Badd4 :‖
(be.)

Chorus 1

     A

If I've seen it all before,

                   F♯m E* A   **E**

Why's this bus taking me   back a - gain?

| **F♯m E A** | **E** | |

     A

If I don't need anymore,

                   F♯m E* A   **E**

Why's this bus taking me   back a - gain?

| **F♯m E A** | **Badd⁴** ‖

Instr.   ‖: **E** | **C♯mm⁷** | **Aadd⁹** | **Badd⁴** :‖

Verse 3

  E   **C♯m⁷**   **Aadd⁹**

Feel the weight of letting go

        Badd⁴   **E**

Feel more lightness than you've ever known

        C♯m⁷   **Aadd⁹**

You can't see when light's so strong

        Badd⁴   **(E)**

You can't see when light is gone.

| **E** | **Badd⁴** | **E** | **Badd⁴** |

(gone.)

| **C♯m⁷** | **Aadd⁹** | **C♯m⁷** | **Aadd⁹** |

| **E** | **Badd⁴** | **E** | **Badd⁴** |

| **C♯m⁷** | **Aadd⁹** | **C♯m⁷** | **Aadd⁹** ‖

Chorus 2   As Chorus 1

Outro   ‖: **E** | **C♯m⁷** | **Aadd⁹** | **Badd⁴** :‖ *Play 4 times*

| **E** ‖

Under The Bridge

Words & Music by Anthony Kiedis, Flea, John Frusciante & Chad Smith

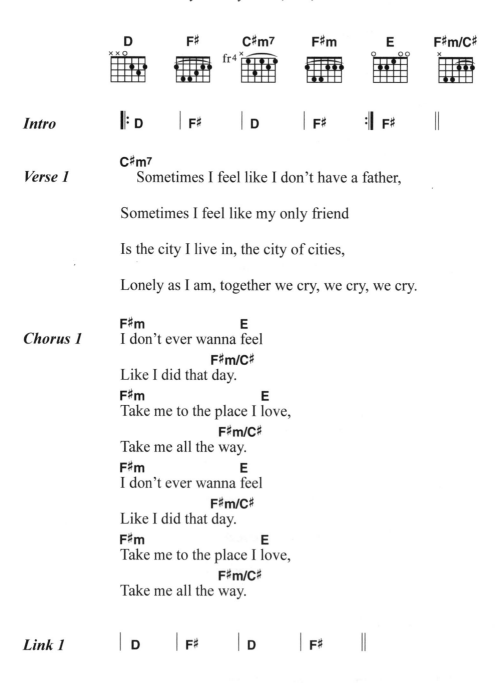

Intro

$\|$: D | F♯ | D | F♯ :$\|$ F♯ $\|$

Verse 1

C♯m7
Sometimes I feel like I don't have a father,

Sometimes I feel like my only friend

Is the city I live in, the city of cities,

Lonely as I am, together we cry, we cry, we cry.

Chorus 1

F♯m   E
I don't ever wanna feel
          F♯m/C♯
Like I did that day.
F♯m   E
Take me to the place I love,
          F♯m/C♯
Take me all the way.
F♯m   E
I don't ever wanna feel
          F♯m/C♯
Like I did that day.
F♯m   E
Take me to the place I love,
          F♯m/C♯
Take me all the way.

Link 1

| D | F♯ | D | F♯ $\|$

Verse 2

C#m7
     I drive on the streets, 'cause he's my companion,

I walk through his fields, 'cause he knows who I am,

He sees my good deeds then he kisses me windy,

I never worried, and that is a lie.

Chorus 2   As Chorus 1

Link 2 | D | F# |

N.C.
One time… two time…

Three time… four time…

Verse 3

C#m7
     It's hard to believe, there's nobody out there,

It's hard to believe that I'm all alone.

At least I have his love, the city he loves me,

Lonely as I am, together we say.

Chorus 3   As Chorus 1

Link 3 | D | F# | D | F# | C#m7 ||

Chorus 4   As Chorus 1 with vocal ad lib.

Outro ||: D | F# | D | F# :|| F# ||

163

2 Become 1

Words & Music by Matt Rowe, Richard Stannard, Melanie Brown, Victoria Adams,
Geri Halliwell, Emma Bunton & Melanie Chisholm

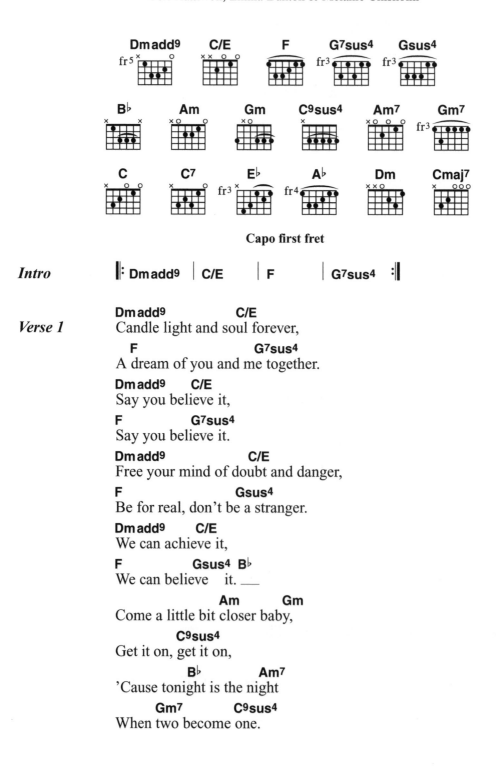

Capo first fret

Intro ‖: Dmadd9 | C/E | F | G7sus4 :‖

Verse 1

Dmadd9   C/E
Candle light and soul forever,

  F   G7sus4
A dream of you and me together.

Dmadd9   C/E
Say you believe it,

 F   G7sus4
Say you believe it.

Dmadd9   C/E
Free your mind of doubt and danger,

 F   Gsus4
Be for real, don't be a stranger.

Dmadd9   C/E
We can achieve it,

 F   Gsus4 Bb
We can believe   it. __

               Am   Gm
Come a little bit closer baby,

        C9sus4
Get it on, get it on,

          Bb   Am7
'Cause tonight is the night

    Gm7   C9sus4
When two become one.

Chorus 1

      F   **C**   **B**♭
I need some love like I never needed love before,
                      C
(Wanna make love to ya baby).
      F   **C**   **B**♭
I had a little love,   now I'm back for more,
                    C7
(Wanna make love to ya baby).
E♭   **F**
Set your spirit free,
        A♭   **B**♭   **F**
It's the only way to be.

Verse 2

Dm add9   **C/E**
Silly games that you were playing,
F   **G7sus4**
Empty words we both were saying,
Dm add9   **C/E**
Let's work it out boy,
F   **G7sus4**
Let's work it out boy.
Dm add9   **C/E**
Any deal that we endeavour,
F   **Gsus4**
Boys and girls feel good together,
Dm add9   **C/E**
Take it or leave it,
F   **Gsus4 B**♭
Take it or leave it. ___
                     Am   **Gm**
Are you as good as I remember, baby?
        C9sus4
Get it on, get it on,
       B♭   **Am7**
'Cause tonight is the night
     Gm7   **C9sus4**
When two become one.

Chorus 2

      F   **C**   **B**♭
I need some love like I never needed love before,
                      C
(Wanna make love to ya baby).
      F   **C**   **B**♭
I had a little love,   now I'm back for more,
                    C7
(Wanna make love to ya baby).

cont.

E♭   F
Set your spirit free,
      A♭ B♭ F
It's the only way to be.

Middle | Dm C | B♭ | Dm C | B♭ |
                                    Oh,   Oh, ___

B♭   Am   Gm
  Be a little bit wiser baby,
        C9sus4
Put it on, put it on,
            B♭   Am7
'Cause tonight is the night
      Gm7   C9sus4
When two become one.

Chorus 3   F   C   B♭
I need some love like I never needed love before,
                           C
(Wanna make love to ya baby).
    F   C   B♭
I had a little love,   now I'm back for more,
                    Cmaj7
(Wanna make love to ya baby).
    F   C   B♭
I need some love like I never needed love before,
                           C
(Wanna make love to ya baby).
    F   C   B♭
I had a little love,   now I'm back for more,
                    C7
(Wanna make love to ya baby).
E♭   F
Set your spirit free,
      A♭ B♭   F
‖: It's the only way to be.

| A♭ B♭ F :‖   *Repeat to fade*

166

Viva Las Vegas

Words & Music by Doc Pomus & Mort Shuman

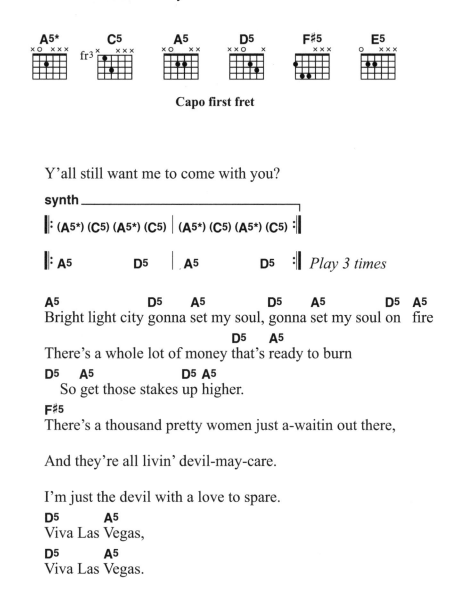

Capo first fret

Intro
spoken   Y'all still want me to come with you?

synth _____

‖: (A5*) (C5) (A5*) (C5) | (A5*) (C5) (A5*) (C5) :‖

‖: A5   D5 | A5   D5   :‖ *Play 3 times*

| A5   D5   A5   D5   A5   D5 A5
Verse 1   Bright light city gonna set my soul, gonna set my soul on   fire
                                            D5   A5
            There's a whole lot of money that's ready to burn
            D5   A5   D5 A5
               So get those stakes up higher.
            F#5
            There's a thousand pretty women just a-waitin out there,

            And they're all livin' devil-may-care.

            I'm just the devil with a love to spare.
            D5   A5
            Viva Las Vegas,
            D5   A5
            Viva Las Vegas.

Link 1 | A5 N.C. | A5 | A5 | A5   ‖

Verse 2

A5   D5 A5

And how I wish that   there were more

D5   A5   D5   A5

Than twenty-four hours in the day.

                       D5 A5

But even if there were   forty more,

D5 A5   D5   A5

I wouldn't sleep a minute away.___

           F♯5

Oh, there's blackjack and poker and a roulette wheel,

A fortune won and lost on every deal,

All you need's a strong heart and a nerve of steel.

Chorus 2

D5   A5

Viva Las Vegas.

D5   A5

Viva Las Vegas.

D5   A5

Viva Las Vegas.

D5   A5

Viva Las Vegas.

Bridge

D5

Viva Las Vegas with your neon flashin',

And your one-armed bandits crashin'

N.C.

All those hopes down the drain.

D5

Viva Las Vegas turnin' day into night time,

Turn the night into daytime,

           B5   E5

If you see it once, you'll never come home a - gain.

Instr

‖: A5 | A5 | A5 | A5   :‖

| A5 | A5 | A5 | E5 N.C. C5 ‖

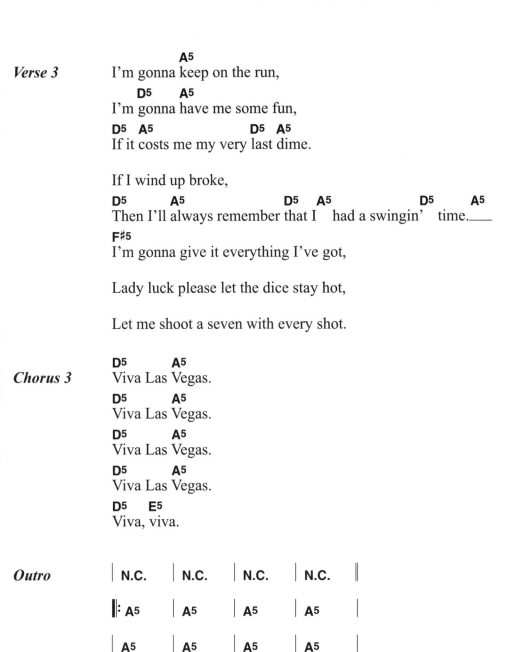

Verse 3

        A5
I'm gonna keep on the run,

     D5   **A5**
I'm gonna have me some fun,

D5 **A5**   **D5** **A5**
If it costs me my very last dime.

If I wind up broke,

D5   **A5**   **D5** **A5**   **D5**   **A5**
Then I'll always remember that I   had a swingin' time.____

F♯5
I'm gonna give it everything I've got,

Lady luck please let the dice stay hot,

Let me shoot a seven with every shot.

Chorus 3

D5   **A5**
Viva Las Vegas.

D5   **A5**
Viva Las Vegas.

D5   **A5**
Viva Las Vegas.

D5   **A5**
Viva Las Vegas.

D5   **E5**
Viva, viva.

Outro

N.C.	N.C.	N.C.	N.C. ‖

‖: **A5** | **A5** | **A5** | **A5** |

| **A5** | **A5** | **A5** | **A5** |

| **F♯5** | **F♯5** | **F♯5** | **F♯5** :‖ *Repeat to fade*

169

Welcome To Paradise

Words & Music by Billie Joe Armstrong, Frank Wright & Michael Pritchard

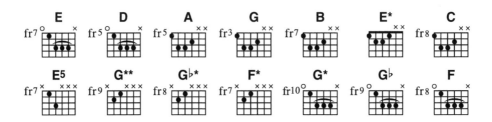

Tune guitar down a semitone

Intro

‖: E | D A | E | D A :‖

Verse 1

E
   Dear mother,
D   E
Can you hear me whining?
             D
It's been three whole weeks
          G   B
Since that I have left your home.
E   D   E
   This sudden fear has left me trembling
          D   G   B
'Cos now it seems that I am out here on my own,
          G   B
And I'm feeling so a - lone.

Chorus 1

E*   G
   Pay attention to the cracked streets
A   C
And the broken homes,
E*   G
   Some call it slums,
          B
Some call it nice.
   E*   G
I want to take you through
          A   C
A wasteland I like to call my home
E B N.C.   E   D A
   Welcome To Paradise!

Verse 2

    E   D   E
    A gunshot rings out at the station

          D   G   B
Another urchin snaps and left dead on his own

          D   E
It makes me wonder why I'm still here

             D
For some strange reason it's now

G   B
Feeling like my home

        G   B
And I'm never gonna go.

Chorus 2   As Chorus 1

Instr

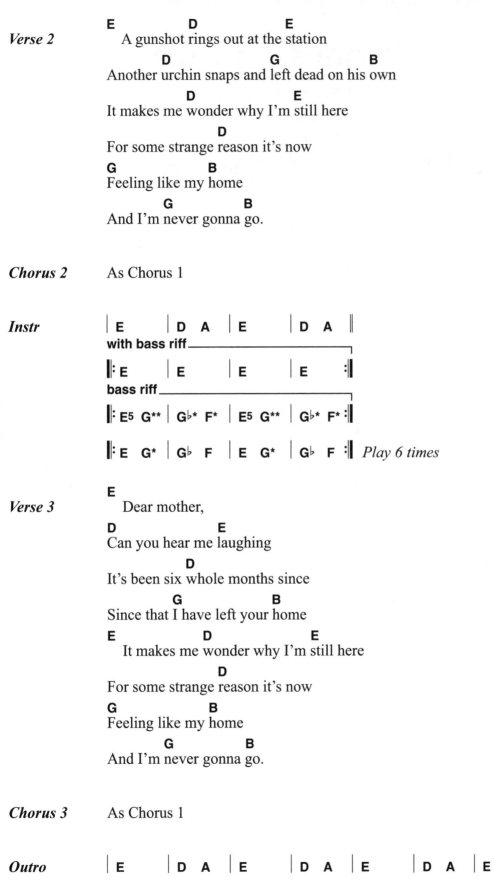

Verse 3

    E
    Dear mother,

D   E
Can you hear me laughing

          D
It's been six whole months since

        G   B
Since that I have left your home

E   D   E
    It makes me wonder why I'm still here

           D
For some strange reason it's now

G   B
Feeling like my home

        G   B
And I'm never gonna go.

Chorus 3   As Chorus 1

Outro | E | D A | E | D A | E | D A | E   ‖

What Can I Do

Words & Music by Andrea Corr, Caroline Corr, Sharon Corr & Jim Corr

A   E   D   Bm⁷   F♯m   Dmaj⁷

Intro

A   E
Do do do do   do do do do

D
Do do do   do do do,

A   E
Do do do do   do do do do

Bm⁷
Do do do   do do do.

Verse 1

A   E   D
I haven't slept at all in days

A   E   Bm⁷
It's been so long since we've talked

A   E   D
And I have been here many ti____ mes

A   E   Bm⁷
I just don't know what I'm doing wrong.

Chorus 1

A   E   D
What can I do to make you love me?

A   E   Bm⁷
What can I do to make you care?

A   E   D
What can I say to make you feel this?

A   E   Bm⁷
What can I do to get you there?

Verse 2

A   E   D
There's only so much I can take

A   E   Bm⁷
And I just got to let it go,

A   E   D
And who knows I might feel better, yea - - eah

A   E   Bm⁷
If I don't try and I don't hope.

Chorus 2	As Chorus 1

Bridge

F#m   Dmaj7 E Dmaj7 E
No more waiting, no more aching _____

F#m   Dmaj7 E Dmaj7 E
No more fighting, no more trying _____

Verse 3

A   D
Maybe there's nothing more to say

A   E   Bm7
And in a funny way I'm caught

A   E   D
Because the power is not mine

A   E   Bm7
I'm just gonna let it fly.

Chorus 3

A   E   D
What can I do to make you love me?

A   E   Bm7
What can I do to make you care?

A   E   D
What can I say to make you feel this?

A   E   Bm7
What can I do to get you there?

Chorus 4

A   E   D
What can I do to make you love me?

A   E   Bm7
What can I do to make you care?

A   E   D
What can I change to make you feel this?

A   E   Bm7   Dmaj7 E F#m E
What can I do to get you there and lo - ove me? _____ (love me).

Coda

       Dmaj7 E   F#m E
Lo - o - o - ve me, love me. *Repeat to fade*

Where's The Love

Words & Music by Mark Hudson, Isaac Hanson, Taylor Hanson,
Zachary Hanson & Sander Salover

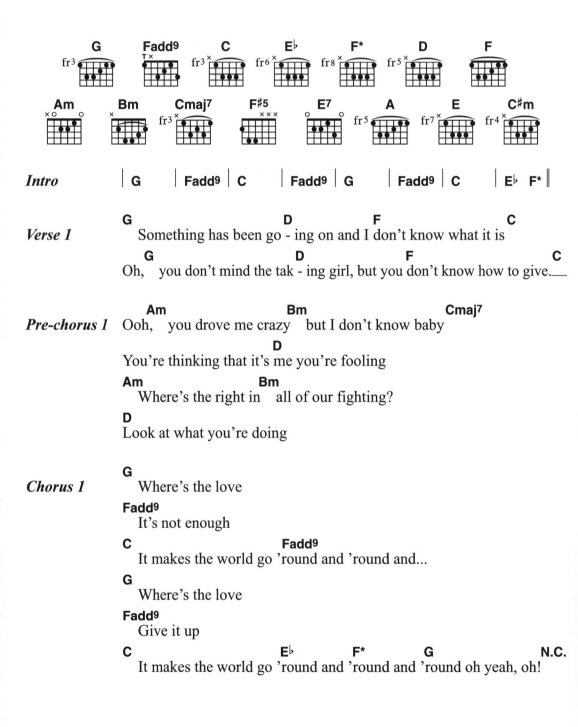

Intro | G | Fadd9 C | Fadd9 G | Fadd9 C | E♭ F* ‖

Verse 1

G   D   F   C
Something has been go - ing on and I don't know what it is

G   D   F   C
Oh,   you don't mind the tak - ing girl, but you don't know how to give.__

Pre-chorus 1

Am   Bm   Cmaj7
Ooh,   you drove me crazy   but I don't know baby

                                          D
You're thinking that it's me you're fooling

Am   Bm
   Where's the right in   all of our fighting?

D
Look at what you're doing

Chorus 1

G
   Where's the love

Fadd9
   It's not enough

C   Fadd9
   It makes the world go 'round and 'round and...

G
   Where's the love

Fadd9
   Give it up

C   E♭   F*   G   N.C.
   It makes the world go 'round and 'round and 'round oh yeah, oh!

Verse 2
       G   **D**   **F**   **C**
Oh,   can you tell me what you see when - ever you look around?

       G   **D**   **F**   **C**
We're tripping all over ourselves and pulling each other down

       Am   **Bm**
Pre-chorus 2 Ooh,   we're separating,   consciousness is fading

Cmaj7   **D**
Are you thinking that it's me you're fooling?

Am   **Bm**
Where's the right in   all of our fighting?

D
Look at, look at, look at what we're doing

       G
Chorus 2   Where's the love

Fadd9
It's not enough

C   **Fadd9**
It makes the world go 'round and 'round and...

G
Where's the love

Fadd9
Give it up

C   **E♭**   **F***   **G** **F♯5**
It makes the world go 'round, 'round, 'round.

Bridge

E⁷
Dark clouds all around, lightning, rain pouring down

Am
Waiting for the bright light to break through

E⁷
Face down on the ground

Pick us up at the lost and found

     F   **G**
We've got to change our point of view, if we want the sky blue

Instr | A | E | G | D | A | E | G | D C♯m ‖

Pre-chorus 3

Bm   **C♯m**
We're segregating,   consciences are fading

D   **E**
You're thinking that it's me you're fooling

Bm   **C♯m**
Where's the right in   all of our fighting

E
Look at what we're doing.

176

Chorus 3

A
  Where's the love

G
  It's not enough

D   G
  It makes the world go 'round and 'round and...

A
  Where's the love

G
  Give it up

D   F   G
  It makes the world go 'round and 'round and 'round

A
  Where's the love

G
  It's not enough

D   G
  It makes the world go 'round and 'round and 'round and 'round...

A
  Where's the love

G
  Just give it up

D   F   G
  It makes the world go 'round and 'round and 'round

A   G
  Where's the love (It's not enough)

D G
  Oh,   oh, oh, oh...

     A   G
Oh,— give it up, just give it up,

D
(Give it up), give it up,

F   G
Round and round and round.

A
  Where's the love?

G
  It's not enough,

D
  Not enough, not enough,

G
'Round and 'round and 'round and 'round.

A
  Where's the love?

G   D
  Just give it up, oh,

F   G   A
Won't you, won't you give it up.

Weak

Words & Music by Skin , Richard Lewis, Martin Kent & Robert France

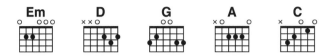

Intro

‖: Em D C | C   :‖

Verse 1

Em D   C
     Lost in time I can't count the words
Em   D   C
I said when I thought they went unheard.
Em   D   C
All of those harsh thoughts so unkind
     Em   D C
'Cos I wanted you.

Verse 2

    Em   D   C
And now I sit here   I'm all   alone
    Em   D   C
So here sits a bloody mess, tears fly home
Em   D   C
A circle of angels, deep in war
    Em   D C
'Cos I wanted you.

Chorus 1

    Em D C
Weak as I am, no tears for you,
    Em D C
Weak as I am, no tears for you,
    Em D C
Deep as I am, I'm no ones fool,
    Em D C
Weak as I am.

Verse 3
       Em   **D**   **C**
So what am I now, I'm love last home,

        Em   **D**   **C**
I'm all of the soft words I once owned.

        Em   **D**   **C**
If I opened my heart, there'd be no space for air

           Em   **D C**
'Cos I wanted you.

Chorus 2   As Chorus 1

       G   **A**
Middle   In this tainted soul,

        C
In this weak young heart,

         D
Am I too much for you?

       G   **A**
  In this tainted soul,

        C
In this weak young heart,

         D
Am I too much for you?

       G   **A**
  In this tainted soul.

        C
In this weak young heart.

         D | **D** |
Am I too much for you?

	Em D C
Chorus 3	Weak as I am,
	Em D C
	Weak as I am,
	Em D C
	Weak as I am,
	Em D C
	Weak as I am, am, am.

Em

Chorus 4   Weak as I am,

   D   C

Am I too much for you?

      Em

Weak as I am,

   D   C

Am I too much for you?

       Em

Weak as I am,

   D   C

Am I too much for you?

       Em   D   C

Weak as I am.

Outro   ‖: **Em D C** | **C**   :‖ *Play 4 times*

Wind Of Change

Words & Music by Klaus Meine

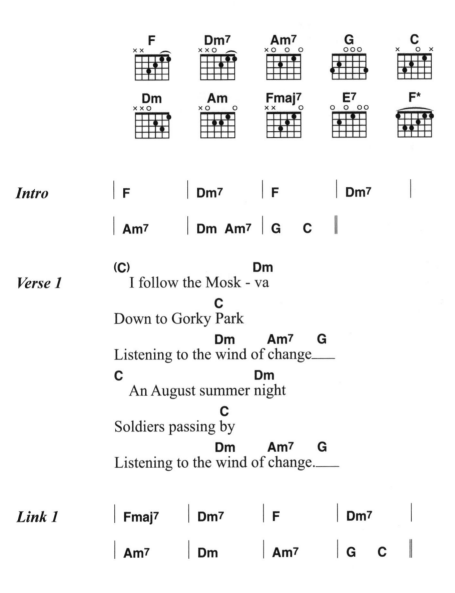

Intro

| F | Dm7 | F | Dm7 |

| Am7 | Dm Am7 | G   C ‖

Verse 1

(C)   **Dm**
I follow the Mosk - va

                C
Down to Gorky Park

                        Dm   **Am7**   **G**
Listening to the wind of change____

C   **Dm**
   An August summer night

                C
Soldiers passing by

                        Dm   **Am7**   **G**
Listening to the wind of change.____

Link 1

| Fmaj7 | Dm7 | F | Dm7 |

| Am7 | Dm | Am7 | G   C ‖

Verse 2

```
        C              Dm
The world closing in
                C
Did you ever think
                        Dm        Am⁷ G
That we could be so close,like bro - thers
        C              Dm
   The future's in the air
                        C
I can feel it every - where
                        Dm       Am⁷     G
Blowing with the wind of change.___
```

Chorus 1

```
        C    G      Dm          G
Take me to the magic of the moment
        C    G
On a glory night
                        Dm           G              Am
Where the children of to - morrow dream a - way
                Fmaj⁷  G
In the wind of change
```

Link 2 | C | C   ‖

Verse 3

```
        C              Dm
   Walking down the street
                        C
Distant memo - ries
                        Dm Am⁷   G
Are buried in the past forev - er
        C              Dm
   I follow the Mosk - va
                        C
Down to Gorky Park
                        Dm        Am⁷     G
Listening to the wind of change.___
```

    C   G   Dm   G
Take me to the magic of the moment

        C   G
On a glory night

        Dm   G   Am   Fmaj⁷
Where the children of to - morrow share their dreams (share their dreams)

          G
With you and me (you and me)

C   G   Dm   G
Take me to the magic of the moment

        C   G
On a glory night

        Dm   G   Fmaj⁷   Fmaj⁷
Where the children of to - morrow dream away (dream away)

          G
In the wind of change.

Am   G
   The wind of change blows straight

           Am
Into the face of time

               G
Like a stormwind that will ring

                  C
The freedom bell for peace of mind

          Dm
Let your balalaika sing

           E⁷
What my guitar wants to say.

| F* | G | E⁷ | Am | F* | G | Am | |
| F* | G | E⁷ | Am | Dm | | E⁷ | |

As Chorus 2

| F | | Dm⁷ | F | |
| Dm⁷ | | Am | Dm⁷ | |

You And Me Song

Words & Music by Pär Wiksten, Fredrik Schönfeldt, Stefan Schönfeldt,
Christina Bergmark & Gunnar Karlsson

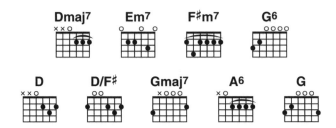

Verse 1

Dmaj7   Em7   F#m7
Always when we fight I try to make you laugh
                      G6   Dmaj7
Till everything's forgotten: I know you hate that.

Link 1

N.C.
Bah bahda-da ba ba ba ba.
Dmaj7
Bah bahda-da ba ba ba ba.

Verse 2

Dmaj7   Em7   F#m7
Always when we fight I kiss you once or twice
                      G6
And everything's forgotten: I know you hate that.
Dmaj7   Em7   F#m7
I love you Sunday sun: the week's not yet begun
                      G6
And everything is quiet, and it's always:

Chorus 1

D   Em7 D/F# Gmaj7
You and me, always and forever.
D   Em7 D/F# Gmaj7
You and me, always and forever.
A6   Gmaj7 A6
Bah bah bah bah ba.
Gmaj7 A6   D   Em7
It was always you and me,
    D/F# Gmaj7
Always.

Verse 2

Dmaj7   **Em7**   **F♯m7**
You tell me I'm a real man, I try to look impressed:

        G6
Not very convincing but you know I love it.

Dmaj7   **Em7**   **F♯m7**
Then we watch T.V. until we fall asleep

            G6
Not very exciting, but it's:

Chorus 2

            D   **Em7**   **D/F♯** **Gmaj7**
You and me, and we'll always be together.

D   **Em7**   **D/F♯** **Gmaj7**
You and me, always and forever.

A6   **Gmaj7** **A6**
Bah bah bah bah ba.

Gmaj7 A6
It was always:

Chorus 3

   D   **Em7** **D/F♯** **Gmaj7**
You and me, always and forever

   D   **Em7** **D/F♯** **Gmaj7**
You and me, always and forever.

A6   **Gmaj7** **A6**
Bah bah bah bah ba.

Gmaj7 A6
It was always:

Chorus 4

   D   **Em7** **D/F♯** **Gmaj7**
You and me, always and forever.

   D   **Em7** **D/F♯** **Gmaj7**
You and me always and forever.

A6   **Gmaj7** **A6** **G** | **Dmaj7**   ‖
Bah bah bah bah ba.

You Don't Love Me
(No, No, No)

Words & Music by Ellas McDaniel, Willie Cobbs, Euwart Beckford & Duke Reid

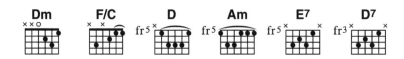

Dm   F/C   D   Am   E7   D7

Intro
spoken

Wake the town and tell the people 'bout the music

'Cos it is coming your way!

| Dm | Dm F/C Dm | Dm | Dm F/C Dm |

| Dm | Dm F/C Dm | Dm N.C. ‖

Verse 1

     D
No no no___

You don't love me
     Am
And I know   now
     D
No no no___

You don't love me
     Am
Yes I know   now
       E7
'Cause you left   me, baby,
D7   **Am**
   And I got no place to go   now

                                D
Verse 2   No no no___

                                          Am
              I'd do anything you say   boy
                                D
              No no no___

                                          Am
              I'd do anything you say   boy
                                    E7
              'Cause if you ask   me, baby,
              D7   Am
                   I'll get on my knees and pray   boy.

Instr | Am | Am | Am | Am   ‖
                 brass in...
              ‖: D | D | D | D |

              | Am | Am | Am | Am   :‖

                                D
Outro   No no no___

              You don't love me
                              Am
              And I know   now
                                D
              No no no___

              You don't love me
                              Am
              Yes I know   now   *Fade out*

You Learn

Words by Alanis Morissette
Music by Alanis Morissette & Glen Ballard

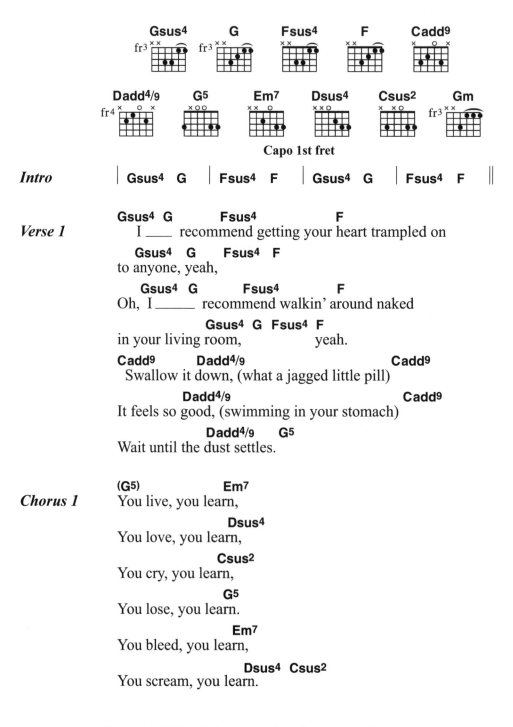

Capo 1st fret

Intro | Gsus⁴ G | Fsus⁴ F | Gsus⁴ G | Fsus⁴ F ||

Verse 1

    Gsus⁴ G   **Fsus⁴**   **F**
I ____ recommend getting your heart trampled on

    Gsus⁴ G   **Fsus⁴ F**
to anyone, yeah,

     Gsus⁴ G   **Fsus⁴**   **F**
Oh, I _____ recommend walkin' around naked

          Gsus⁴ G Fsus⁴ F
in your living room,   yeah.

  Cadd⁹   **Dadd⁴/⁹**   **Cadd⁹**
  Swallow it down, (what a jagged little pill)

        Dadd⁴/⁹   **Cadd⁹**
It feels so good, (swimming in your stomach)

        Dadd⁴/⁹   **G⁵**
Wait until the dust settles.

Chorus 1

  (G⁵)   **Em⁷**
You live, you learn,

           Dsus⁴
You love, you learn,

          Csus²
You cry, you learn,

         G⁵
You lose, you learn.

         Em⁷
You bleed, you learn,

         Dsus⁴ Csus²
You scream, you learn.

Verse 2

Gsus⁴ G   Fsus⁴   F
I ___ recommend biting off more than you can chew

 Gsus⁴ G Fsus⁴   F
to anyone,   I certainly do, oh.

Gsus⁴ G   Fsus⁴   F
I ___ recommend sticking your foot in your mouth

 Gsus⁴ G   Fsus⁴ F
at any   time,   feel free.

Cadd⁹   Dadd⁴/⁹   Cadd⁹
 Throw it down, (the caution blocks you from the wind)

        Dadd⁴/⁹   Cadd⁹
Hold it up, (to the rays)

        Dadd⁴/⁹   G⁵
You wait and see when the smoke clears.

Chorus 2   As Chorus 1

Interlude   N.C. (Gm) for 8 bars.

Cadd⁹   Dadd⁴/⁹   Cadd⁹
 Wear it out, (the way a three year old would do)

        Dadd⁴/⁹   Cadd⁹
Melt it down, (you're going to have to eventually anyway)

        Dadd⁴/⁹   G⁵
The fire trucks are coming up around the bend.

Chorus 3   As Chorus 1

G⁵   Em⁷
 You grieve, you learn,
Outro chorus

           Dsus⁴
You choke, you learn,

            Csus²
You laugh, you learn,

            G⁵
You choose, you learn.

        Em⁷
You pray, you learn,

          Dsus⁴
You ask, you learn,

          Csus²
You live you learn.

You're Still The One

Words & Music by Shania Twain & R.J. Lange

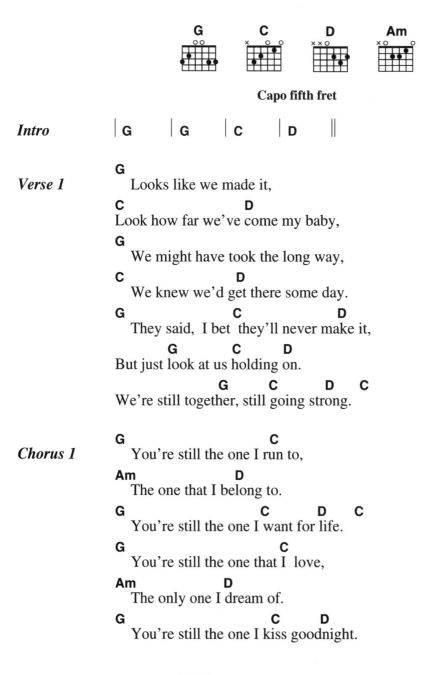

Capo fifth fret

Intro | G | G | C | D ||

Verse 1

G
Looks like we made it,
C   D
Look how far we've come my baby,
G
We might have took the long way,
C   D
We knew we'd get there some day.
G   C   D
They said, I bet they'll never make it,
        G   C   D
But just look at us holding on.
                        G   C   D   C
We're still together, still going strong.

Chorus 1

G   C
You're still the one I run to,
Am   D
The one that I belong to.
G   C   D   C
You're still the one I want for life.
G   C
You're still the one that I love,
Am   D
The only one I dream of.
G   C   D
You're still the one I kiss goodnight.

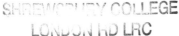

Verse 2

  G
  Ain't nothing better,
C   D
We beat the odds together.
  G
  I'm glad we didn't listen,
C   D
Look at what we would be missing.
  G   C   D
  They said, I bet they'll never make it,
          G   C   D
But just look at us holding on.
                 G   C   D
We're still together, still going strong.

Chorus 2

  G   C
  You're still the one I run to,
Am   D
  The one that I belong to.
  G   C   D   C
  You're still the one I want for life.
  G   C
  You're still the one that I love,
Am   D
  The only one I dream of.
  G   C   D
  You're still the one I kiss goodnight.

You're still the one.

Instrumental ‖: G | C | D | D   :‖

Chorus 3

  G   C
  You're still the one I run to,
Am   D
  The one that I belong to.
  G   C   D   C
  You're still the one I want for life.
  G   C
  You're still the one that I love,
Am   D
  The only one I dream of.
  G   C   D
  You're still the one I kiss goodnight.
  G
  I'm so glad we made it,
C   D
Look how far we've come baby.

Relative Tuning

The guitar can be tuned with the aid of pitch pipes or dedicated electronic guitar tuners which are available through your local music dealer. If you do not have a tuning device, you can use relative tuning. Estimate the pitch of the 6th string as near as possible to E or at least a comfortable pitch (not too high, as you might break other strings in tuning up). Then, while checking the various positions on the diagram, place a finger from your left hand on the:

5th fret of the E or 6th string and **tune the open A** (or 5th string) to the note Ⓐ

5th fret of the A or 5th string and **tune the open D** (or 4th string) to the note Ⓓ

5th fret of the D or 4th string and **tune the open G** (or 3rd string) to the note Ⓖ

4th fret of the G or 3rd string and **tune the open B** (or 2nd string) to the note Ⓑ

5th fret of the B or 2nd string and **tune the open E** (or 1st string) to the note Ⓔ

E	A	D	G	B	E	
or	or	or	or	or	or	**Head**
6th	5th	4th	3rd	2nd	1st	

Nut

1st Fret

2nd Fret

3rd Fret

Ⓑ — 4th Fret

Ⓐ Ⓓ Ⓖ Ⓔ — 5th Fret

Reading Chord Boxes

Chord boxes are diagrams of the guitar neck viewed head upwards, face on as illustrated. The top horizontal line is the nut, unless a higher fret number is indicated, the others are the frets.

The vertical lines are the strings, starting from E (or 6th) on the left to E (or 1st) on the right.

The black dots indicate where to place your fingers.

Strings marked with an O are played open, not fretted. Strings marked with an X should not be played.

The curved bracket indicates a 'barre' - hold down the strings under the bracket with your first finger, using your other fingers to fret the remaining notes.

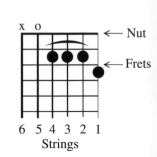

x   o ← Nut

← Frets

6 5 4 3 2 1
Strings

1 2 3 4 5 6 7 8 9